古典文獻研究輯刊

十一編

潘美月・杜潔祥 主編

第 9 冊

籀廎學記
——孫詒讓先生之生平及其學術（四）

王更生 著

國家圖書館出版品預行編目資料

籀廎學記——孫詒讓先生之生平及其學術（四）／王更生 著
— 初版 — 台北縣永和市：花木蘭文化出版社，2010〔民99〕
目 4+178 面；19×26 公分
（古典文獻研究輯刊 十一編：第 9 冊）
ISBN：978-986-254-308-5（精裝）
1.（清）孫詒讓　2.學術思想　3.傳記
112.78　　　　　　　　　　　　　　　　　　　99014035

ISBN - 978-986-2543-08-5

9 789862 543085

古典文獻研究輯刊
十一編　第 九 冊　　　　　　ISBN：978-986-254-308-5

籀廎學記——孫詒讓先生之生平及其學術（四）

作　　者　王更生
主　　編　潘美月　杜潔祥
總 編 輯　杜潔祥
企劃出版　北京大學文化資源研究中心
出　　版　花木蘭文化出版社
發 行 所　花木蘭文化出版社
發 行 人　高小娟
聯絡地址　台北縣永和市中正路五九五號七樓之三
　　　　　電話：02-2923-1455／傳眞：02-2923-1452
網　　址　http://www.huamulan.tw 信箱 sut81518@ms59.hinet.net
印　　刷　普羅文化出版廣告事業
初　　版　2010 年 9 月
定　　價　十一編 20 冊（精裝）新台幣 31,000 元

籀廎學記——
孫詒讓先生之生平及其學術（四）

王更生　著

目次

第八章　孫詒讓之斠讎學

一、引　言

　　仲容先生生於道光末年，乾、嘉諸老之流風餘韻未泯，而徵實之學猶甚囂塵上時，先生獨能承前賢之緒業而光大之，且其學有醇無疵，鈎深窮高，不僅爲有清一代樸學之殿軍，更是中國近三百年來絕等無雙之學者。

　　究其斠讎方面之重要著述，計歷時最久，厥功最偉者，即《周禮正義》八十六卷，次《墨子閒詁》十五卷，再《周書斠補》四卷，《大戴記斠補》三卷，至於所謂《經迻》者，僅見於《經微室書目》與章太炎《孫詒讓傳》，《札迻》卷二雖有徵引，惟寥寥數條，未見成書。他即《札迻》十二卷，此乃先生以三十年點勘所得，彙集先秦以迄南北朝間之古籍七十七種，參互考校，匡違補苴，據典籍以正訛奪，柢經義以詮古言，實先生斠讎之淵椷，治書之規臬也。

　　本論取材之範疇，以《周禮正義》、《墨子閒詁》已分見他章，《經迻》又未睹成書，《大戴記斠補》自〈勸學〉以下，皆闕而不備，是以本論所述，僅以《札迻》、《周書斠補》爲範圍，以下謹揭櫫仲容自言其斠讎之態度，與斠讎之方法原則，以及其在治書方面之成就。文中引說就例，因例明法，即法求理，務期例明則法明，法明則理明，理明而治書之道畢矣。學者如循是以覽涉古籍，又豈竟校書掃葉之功而已哉！

二、孫氏從事斠讎之態度

斠讎須重方法，但方法被學者主觀之成見所左右。是以方法雖明，如所持態度欠當，亦難免疏失。仲容先生之斠書態度至爲謹嚴，而細繹其說，約有下列數端。

（一）態度客觀

《札迻》序曰：「大氏以舊刊精校爲據依，而究其微恉，通其大例，精研博攷，不參成見。其誼正文字譌舛，或求之於本書，或旁證之它籍，及援引之類書，而以聲類通轉爲之錧鍵，故能發疑正讀，奄若合符。及其蔽也，則或穿穴形聲，捃摭新異，馮臆改易，以是爲非。」故其精研博攷不參加成見，反覆搜討不遽下斷語，究明文義不穿鑿附會，爲其客觀態度之具體表現，茲徵仲容斠書實例以明之：

如斠《商子・賞刑第十七》：「舉兵伐曹五鹿，及反鄭之埤，東徵之畝」句。

> 嚴萬里校云：葉校本作「舉兵伐衛，取五鹿，伐曹，救宋。」嚴可均校云：伐衛取五鹿，伐曹，南圍鄭之埤。
>
> 仲容案：「徵」當作「衛」。《呂氏春秋・簡選篇》云：「晉文公反鄭之埤，東衛之畝。」高誘注云：「使衛耕者皆東畝以遂晉兵也。」此文與彼正同。上云「伐曹取五鹿」，自是所傳之異。先秦諸子與《左傳》紀事不必同，葉、嚴校竝改「曹」爲「衛」，失之。

此精研博攷不參成見之證。因葉、嚴三家不憭「先秦諸子與《左傳》紀事不必同」，致改「曹」爲「衛」，而有「伐衛取五鹿」之誤解。仲容參合《呂氏春秋》與高注證成其說，足堪採信。

又斠《列子》張湛注〈周穆王第三〉：「命駕八駿之乘，左服驊，騮而左綠耳，左驂赤驥而右白䅯，主車則造父爲御，离肙爲右。」

> 張注「䵿」下云：古「驊」字。「䅯」下云：古「義」字。「离肙」下云：上齊下合，此古字，未審。
>
> 殷敬順《釋文》：「白䅯」作「白犧」，「离」作「鬱」。云：鬱音泰，篆作「龡」；「肙」音「丙」，石經作「𢍛」。《字林》云：隱作「西」，本作「离肙」，音上齊下合，於義無取焉。
>
> 仲容案：此「䵿」、「䅯」、「离」、「肙」四字，皆隸古傳寫譌謬，不

可理董。「䮤」者，《說文・馬部》「騙」字籀文作「䮤」，此變「昻」
爲「旬」，「冄」爲「蔺」，又左右互易，遂不可辨。「白㹝」，《穆天
子傳》兩見，「㹝」一作「義」，一作「俄」。郭璞注亦云：「古『義』
字」，與張注同。《廣雅・釋畜》馬類有驨鹿，「義」疑即「驤」之借
字。今本作「㹝」，洪頤煊謂即《爾雅・釋畜》之「騴陽」，雖形頗
相近，然與《穆傳》及張、郭讀並不合，恐未塙。「窬」當作「㷒」，
上從大從奴，與齊字上半形近，下從水而變爲合，則失之遠矣。殷
云篆作「㑴」，亦傳寫之誤。張注舊本當與《釋文》同，故注云：「上
齊下合」。此注本當著「窬」下，謂其字上從「齊」，下從「合」。古
字書無此文，形聲皆不可說，故云未審。蓋張、殷本雖譌「㷒」爲
「窬」，而音「泰」則自不誤。上齊下合之云，自專釋「窬」字之形，
本與音不相涉，與「鬲」字尤不相涉也。自別本譌「窬」爲「畗」，
既失其齊合之形，而孤存此注，又誤移著於「鬲」字下，讀者不見
故書，無從索解，遂以其釋「窬」字之形者，析而爲「畗鬲」二字
之音。其誤始於《釋文》引或本。而丁度《集韻》、韓道昭《五音集
韻》並襲其說，於齊紐收「畗」字，合紐收「鬲」字，蓋古書之重
恈鈿繆失其本始有如是者。《玉篇・马部》有「畐」字，云：「胡閤切，會也。」
亦即「鬲」字之譌，此必非顧野王之舊，蓋宋人所妄增也。「鬲」《釋文》引《石
經》作「尻」，此據《魏三體石經》，古文「丙」字也。郭忠恕《汗簡》及洪氏
《隸續》所載《石經》殘字並無此字，今無攷。亦不成字。以意推之，《石
經》古文疑當本作「𢆶」，蓋重絫「丙」字之形，隸寫當作「咼」，
傳鈔貿亂，變上丙爲「冂」，下丙爲「只」，遂不可辨識。《字林》
作「西」，則當作「丙」，此正「丙」字篆文，下誤增一畫耳。《穆
天子傳》作「閻固爲右」，亦傳寫之誤。又案：「主車則造父爲御」，
造父既爲御，不當復主車。此「主車則」下當有「王」字，蓋王乘
車，即王爲主車，下次車王不乘，故別以柏夭爲主車也。《穆天子傳》
作「天子主車」，是其塙證。今本挩一「王」字，遂似主車與御爲一，
與下次車不相應矣。

　　此反覆搜討不遽下斷語之證。仲容以文中「䮤」、「㹝」、「畗」、「鬲」四
字，皆隸古傳寫譌謬，不可理董。遂援《說文・馬部》「騙」字籀文作「䮤」，
明其因形近而變易爲「䮤」之理。繼而就洪氏《讀書叢錄》語，與郭、張二

子之注，分辨「漿」字之譌，惟因無積極之佐證，謹揭其疑竇，出一或然之辭，曰「恐未塙」，足見仲容出語之審慎也。「㐭」下仲容以爲即「窨」之誤，此由張注「上齊下合」之語，斷今本《列子》之本文與原注，均經後人離易，而丁度《集韻》、韓道昭《五音集韻》，又襲用誤刻，《玉篇》亦經宋人妄增，非顧氏之舊。證古書之重陛貤謬，失其本始，至塙鑿而不刊。「召」之本作「𠥟」，由《魏三體石經》、郭忠恕《汗簡》，及洪氏《隸續》所載殘字，證此乃以隸定古之誤。至於考「主車則造父爲御」句，句前挩「王」字，由本書上下文義，以及造父既爲御，即不得兼主車，下次「車王不乘」句，則主車必「王」無疑，故確定挩一「王」字。惟仲容猶以證據不足，更援關係書《穆天子傳》「天子主車」相譣，斠讎至此，不啻昭若發蒙，頓然徹悟，而了無疑慮矣。仲容斠古書，反覆搜討，不遽下斷語，大類皆如此也。

又斠《莊子》郭象注〈秋水〉第十七：「至大不可圍」又云：「不可圍者，數之所不能窮也。」

成玄英《莊子疏》校云：至廣大者，不可圍繞。

仲容案：成說望文生訓，不足據。此「圍」當作「圉」，「圉」與「御」通。〈則陽篇〉云：「大至於不可圍」亦同，皆謂其大無竟，莫能御止也。〈繕性篇〉云：「其來不可圉。」《釋文》云：「『圉』，本又作『禦』。」《易·繫辭上》云：「夫《易》，廣矣大矣，以言乎遠則不禦，以言乎邇則靜而正。」《墨子·備城門》篇：「乃足以守圉。」「圉」，《道藏》本亦誤「圍」，是其證。

又斠《呂氏春秋》高誘注〈有始覽·諭大〉：「地大則有常祥、不庭、岐母、羣抵、天翟、不周。」

高誘注云：常祥、不庭、羣抵、岐母、天翟，皆獸名也。

仲容案：「常祥」以下，六者皆山名。高唯以不周爲山，餘皆爲獸，又以不周屬下「山大」爲句，竝非也。《山海經·大荒西經》云：「有山名常陽之山，日月所入。」又云：「有偏句、常羊之山。」即此常祥也。〈大荒南經〉云：「大荒之中，有不庭之山。」〈大荒東經〉云：「大荒東南隅，有山名皮母地丘。」「皮母」，《淮南子·墬形訓》作「波母之山。」又云：「有山名曰摮搖頵羝。」即此岐母、羣抵也。以上略本郝懿行、錢侗說。不周山亦見〈大荒西經〉。是呂書悉本彼《經》，惟「天翟」未見，竊疑即〈大荒西經〉所云「天穆之野，高二千仞」者，「穆」

與「繆」通，故書或本作「天繆」，右半从「翏」，形與「翟」相似，
因而致誤耳。

　　此究明文義不穿鑿附會之證。其斠《莊子‧秋水》篇，斥成注望文生訓，
不知「圍」即「圂」之譌，遂釋作圍繞義，至有「廣大不可圍繞」之說。仲
容首援《莊子》前後各篇文例，證「圍」當作「圂」，然後復引陸氏《釋文》
明「圂」本又作「禦」，並以《易‧繫辭》之用法作旁證。而仲容猶以此不足
說明「圍」、「圂」致誤之由，又錄《墨子‧備城門篇》「乃足以守圂」句，《道
藏》本誤爲「圍」，證《莊子》必係同此之誤。然後以釋本文，儼若合符，成
《疏》之不足據，亦因而燦然大明。其次駁《呂氏春秋》高誘注之非，因高
氏不知呂書蹈襲《山海經》，故不引《經》爲說，遂以臆斷，致有穿鑿之譏。
仲容由《山海經‧大荒西經》、〈大荒南經〉、〈大荒東經〉，兩兩對勘，將呂書
出處一一覼摘而出，使高子原注之非，晃朗無得遁形。其中惟「天翟」一詞，
略致疑問，不敢定其塙解耳。

（二）取材精審

　　如斠《水經》酈道元注〈河水注〉：「余按《竹書紀年》梁惠成王十三年，
鄭釐侯使許息來，致地平丘、戶牖、首、垣諸邑，及鄭馳道，我取枳道，
與鄭鹿，即是城也。」
　　戴震校聚珍版本云：「道」今刻訛作「地」。
　　仲容案：戴改「地」爲「道」，蓋據今本《紀年》及《通鑑地理通釋》
　　校，以「馳道」爲地名也。趙校亦同。並非是。馳地者，易地也。《戰
　　國策‧秦策》云：「秦攻陘，使人馳南陽之地。」正與《紀年》義同。
　　梁取韓枳道，而與韓鹿，鄭即韓也。即「馳地」之義。今本《紀年》，
　　乃明人摭拾僞託，不足據校。
　　又如斠〈涑水注〉：「余按《竹書紀年》云：『晉惠公十有五年，秦穆公率
師送公子重耳，圍令狐，桑泉、臼衰皆降于秦師。狐毛與先軫禦秦至於
廬柳。」
　　趙一清注云：全祖望云：狐毛與子犯兄弟竝從文公，如何反爲子圉
　　禦秦師耶，《竹書》繆。
　　仲容案：「禦」當爲「御」，「御」與「迓」通。《禮記‧曲禮》：「大夫士
　　必自御之」，鄭注云：「『禦』讀爲『迓』。」「禦」、「迓」字亦通。《左傳》僖二

十四年:「二月,甲午,晉師軍於盧柳。秦伯使公子縶如晉師,師退,軍于郇。辛丑,狐偃及秦、晉之大夫盟于郇。」即迓秦之事,非謂拒禦之也。酈氏所引《紀年》,猶汲冢古文之舊,如〈河水注〉之「馳地」,及此「禦秦」,皆足證古義,而謝山、東潛、東原紛紛獻疑,甚矣!古書之難讀也。

夫古本不易得,斠書而得古本,固有助於斠讎,以復原書之舊,然迷信古本,則又斠書之所戒也。此由上錄兩條仲容校《水經》酈注之語,知校書之必用古本對斠,斯為最笨而亦最善之法,惟因戴氏東原、趙氏一清、全氏謝山不憭今本《竹書紀年》之為後人竄改,尤不憭酈氏所援乃古本《竹書紀年》之語,遂妄以今之俗本,校古之善本,反誣古本之不足恃,並進而改字釋義,致一字之訛,化「迎迓」而為「拒禦」,以友為敵。如學者不先睹仲容之校語,而誤信戴氏之謬說,其為禍不亦烈乎!似此則斠書以搜討古本為先急之務也。「盡信書不如無書」,古本亦不可盡信,何耶?誠因古本本身即有譌誤,如《管子·大匡篇》:「召忽曰『何懼乎?吾不蚤死,將胥有所定也。⋯⋯』」戴望據宋本校「將胥」作「昌昌」。案「昌昌」不可通。「昌昌」即「將胥」之誤,「胥」俗書作「胃」,因誤為「昌」,「將」字又涉「昌」字而誤。古本或經後人竄改。如上引今本《竹書紀年》,便屬顯例。故仲容斠書用古本而不迷信古本,於此可獲塙證。

如斠《素問》王冰注〈徵四失論篇第七十八〉:「帝曰:『子年少智未及邪?將言以雜合邪?』」

王冰注云:言謂年少智未及,而不得十全耶?為復且以言而雜合眾人之用耶?

仲容案:注說迂曲不可通。以文義推之,「雜」當為「離」,二字形近,古多互譌。《周禮·形方氏》:「無有華離之地。」注:「杜子春云:『離,當為雜,書亦或為雜。』」下文「妄作雜術」,校譌引古鈔本、元槧本「雜」作「離」,是其證。「言以離合」,謂言論有合有不合也。

又如斠《法言》李軌注〈吾子第二〉:「梡革為鞠。」

宋本《音義》云:「梡」音「緩」,又音「款」,斷木也。

吳祕云:「梡」,當為「挽」。挽,刮摩也。宋咸同。

司馬光云:「梡」,舊本作「挽」。「梡」,當作「楦」,所以塞履也。以毛楦革而為鞠。

仲容案：「捖」，當爲「垸」之借字。「垸革」，言以革爲圓丸也。《弢
工記・冶氏》「重三垸」注，鄭司農云：「垸，量名，讀爲丸。」《列
子・黃帝篇》：「絫垸二而不墜」，《莊子・達生篇》「垸」作「丸」。
此「捖」亦謂丸也。《史記・衛青傳》《索隱》引《三倉》云：「鞠毛
丸可蹋以爲戲者。」《御覽》七百五十四引《風俗通》云：「丸毛謂
之鞠。蹋鞠以革裹毛爲丸，故謂之垸。」諸說並失之。

此仲容不迷信本書注、疏之證。夫參覈本書注、疏，固可以訂正正文之
失，然注、疏或有譌誤，或經改竄，或誤釋正文，或所據正文已誤，故不可
不加之意也。如王冰注《素問》，以「雜合」爲「雜合眾人之用」爲釋，不知
「雜」、「離」二字形近，古多互譌，致誤釋，迂曲不可通。斠《法言》「捖革
爲鞠」句，由於各家皆昧於「捖」字之義，致諸說並失，須知「鞠」者實乃
動詞，以革裹毛爲丸，形同皮球，故可供蹋鞠爲戲也。仲容惟恐所校論證不
足，復歷舉關係書如《周禮》鄭注、《列子・黃帝篇》、《莊子・達生篇》、《史
記・衛青傳》《索隱》引《三倉》，以及類書《御覽》七百五十四引《風俗通》，
以爲佐證，雖揚子雲復起，信不易此言矣。仲容採注疏不盡信注疏，作合理
之懷疑，再由懷疑而搜集證據，用證據反駁舊注，獲得結論，實科學精神之
具體表現也。

如斠《穆天子傳》郭璞注卷六：「戊辰天子東田于澤中。」

洪頤煊校云：「田」本作「狃」，從《太平御覽》八百三十二引改。

仲容案：「狃」即「狩」字，篆文相近而誤。《御覽》作「田」，乃不
解其義而誤改，不必據校。上文「辛未，獵菹之獸」，「獵」今本作
「紐」，洪據《事類賦》引改作「獵」。以此文證之，疑彼「紐」亦
「狩」之誤。

又如斠《漢武帝內傳・附錄》：「泰山道士，號稷丘君。」

仲容案：《玉海》五十八引《中興書目》云：「《漢武帝內傳》後有淮
南王、公孫卿、稷丘君八事，乃唐終南玄都道士王游巖所附。」今
弢《續談助》載王游巖〈跋〉云：「右從淮南王至稷丘君，凡八事，
附之。案《神仙傳》，淮南仙專此下有挽文。的指又不出八公定何姓氏，
據〈劉根眞人傳〉云云。今因此傳末并八公所氏以明之焉。天寶五
載，王游巖緒附之矣。」諦繹跋語，蓋淮南王八事，舊本已附後，
非游巖所增。「游巖緒附」者，自指〈劉根眞人傳〉八公姓名而言，

與淮南王八事不相涉也。游巖爲天寶間道士，而李賢《後漢書・方術傳注》引魯女生、封君達、王眞事，《初學記》、《藝文類聚》引李少君事，竝已稱《內傳》。倘八事果游巖所附，安得李賢、徐堅、歐陽詢諸人先得見而引之乎？宋人讀游巖〈跋〉不審，故有茲誤，而錢氏〈校勘記序〉亦沿其說，故附辯之。

　　斠定古書，除古本與注、疏之外，檢驗類書亦可藉求旁證。近儒頗有不信類書之說者，如清朱一新《無邪堂答問》、案該書卷二云：「王文肅、文簡之治經……往往據類書以改本書，則通人之蔽。若《北堂書鈔》、《太平御覽》之類，世無善本，又其書初非爲經訓而作，事出眾手，其來歷已不可恃，而以改數千年諸儒斷斷考定之本，不亦僭乎！然王氏猶必有據數證而後敢改，不失愼重之意，若徒來異前人，單文孤證，務爲穿鑿，則經學之蠹矣！」較近章太炎《國故論衡》、案該書〈明解故上〉云：「及其末流淫濫，喜依《治要》、《書鈔》、《御覽》諸書，以定異字。《治要》以下，其書亦在木，非無譌亂，據以爲質。此一蔽也。皆以類書雜成眾手，不無譌亂，故不可據以爲質。然而類書亦間存古籍之舊觀，不可不信，惟不可全信也。仲容斠《穆天子傳》，斥洪頤煊依《太平御覽》改字之非，證本作「狃」之「狃」爲「狩」之誤字，並引上下文之文例爲直接之證據，最可採信。至於斠《漢武帝內傳》謂宋王應麟讀〈游巖跋〉不審，故《玉海》有此誤。皆能援引實事，明唐、宋類書之粗疏不經，如不甄擇，率而作爲斠讎之資，不僅誣古，尤足誤今。是可證仲容用類書而不迷信類書也。

　　如斠劉彥和《文心雕龍・神思篇第二十六》：「淮南崇朝而賦〈騷〉。」

　　　仲容案：高誘〈淮南子序〉云：「詔使爲〈離騷賦〉，自旦受詔，日早食已上。」即彥和所本也。《漢書》本傳云：「武帝使爲〈離騷傳〉。」班固〈楚辭序〉說同。王逸〈楚辭序〉又云：「作〈離騷經章句〉。」竝與〈淮南序〉不同。〈傳〉及〈章句〉非崇朝所能成，疑高說得之。

　　又如斠《春秋釋例・盟會圖疏附》：「膠東，《括地象》云：『即墨故城，在萊州膠水縣東南六十里，即膠東國。』」

　　　仲容案：《括地象》爲《河圖讖》之一，其書出於西漢末，無緣得及唐代地名，當是《括地志》之誤。此疏唐人所撰，故多引魏王泰書也。《史記・孝景本紀》，《正義》引《括地志》云：「即墨故城，在密州膠水縣東南六十里，即膠東國也。」與此文同，惟「萊州」作「密州」。攷〈項羽本紀〉，《正義》又引《括地志》云：「即墨故城，

在萊州膠水縣南六十里，此「南」上挩「東」字。古齊地，本漢舊縣。」則〈孝景紀〉《正義》所引自是字誤。《唐志》膠水屬萊州。此疏引《括地象》十四事，此及密須涇州、蔡豫州、徐泗州、商國商州、大野鄆州、故過鄉萊州、丹陽歸州、唐隨州、重丘曹州、流沙甘州、靡笄山蔚州十二事，並見《史記正義》引《括地志》詳孫星衍輯本，惟文互有詳略，足證「象」爲「志」字之誤。惟桃林陝州、汎汝州二事，他書未引及，近孫輯本亦失采，當據此補其缺。

　　夫相關古籍，一文互見，固有助於斠讎，以復其本眞；倘動輒以此律彼，專輒改定，使古書因而逾加訛亂，則是迷信關係書之過也。案此見清朱一新《無邪堂答問》三云：「國朝人於校勘之事最精，而亦往往喜援他書以改本文。不知古人同述一事，同引一書，字句多有異同，非如今之校勘家，一字不敢竄易也。今人動以此律彼，專輒改訂，使古書皆失眞面目，此甚陋習，不可從！」蓋一書引用或因襲某書，往往亦有譌誤，或有改竄，甚或兩書同誤，此不可不留意也。仲容深知其蔽，故凡引關係書皆忌孤證單辭，必同時並引各書，比較分析，尋繹優劣，然後取其最長者，作爲論證斠字之依據。如斠《文心雕龍》「淮南崇朝而賦騷」句，即引高誘〈淮南子序〉、《漢書》本傳、班固《楚辭》序、王逸《楚辭》序，尋文究義，以「章句」非「崇朝」所能成，疑高說得之。仲容雖認高序較長，惟無更積極之條件爲支拄，故設疑辭以發其伏。次斠《春秋釋例‧盟會圖疏附》，《疏》出唐人所撰，而所引《括地象》乃出西漢之末季，不應及唐代地名。是知《括地象》實《括地志》之誤。一字之訛，時隔六百載，特徧輯此疏引《括地象》之十四事，與《史記正義》引《括地志》對斠，其文互有詳略，證「象」爲「志」之誤。自不待更引他書，即可斷其非也。

三、孫氏自明斠讎之方法與原則

　　仲容先生《札迻‧序》曰：「詒讓學識疏譾，於乾嘉諸先生無能爲役；然深善王觀察《讀書雜志》及盧學士《羣書拾補》，伏案研誦，恒用檢覈，閒竊取其義法以治古書，亦略有所寙。嘗謂秦、漢文籍，誼恉奧博，字例文例多與後世殊異，如荀卿書之『案』，墨翟書之『唯』、『毋』，晏子書之以『敓』爲『對』，淮南王書之以『士』爲『武』，劉向書之以『能』爲『而』，驟讀之，幾不能通其語。……」昔顏之推著《家訓》，以爲校書亦何容易，觀天下書未徧，不得妄

下雌黃。案此語見《顏氏家訓・勉學篇》:「校定書籍,亦何容易,自揚雄、劉向方稱此職耳。觀天下書未徧,不得妄下雌黃,或彼以爲非,而此以爲是,或本同末異,或兩文皆欠,不可偏信一隅也。」段金壇〈與諸同志書〉,論校書之難在定底本及立說之是非。段氏云:「校書之難,非照本改字,不譌不漏之難也,定是非之難。」宋宣獻嘗謂校書如埽塵,邊埽邊生,深感不譌不漏之難。見宋沈括《夢溪筆談》二十五云:「宋宣獻(案宋宣獻即宋綬,平棘人,字公垂。父皋,直集賢。父子同在館閣,世以爲榮。綬博通經史百家,家藏書萬餘卷,親自校讎。四入翰林,宋仁宗朝參知政事,卒謚宣獻)博學,喜藏異書,皆手自校讎,嘗謂校書如埽塵,一面埽,一面生,故有一書每三、四校,猶有脫繆。」今人王叔岷先生謂校書須具三事:一、博學廣覽,二、深究本原,三、明辨是非。見王先生著之《校讎學》,吾師李健光先生《斠讎目錄學》中亦節有此說。夫學者欲三事兼備,不譌不漏,此境至難。斠書既如此之艱困,即無從措手乎?欲明此道,須重方法。故仲容事斠書之役,首取王念孫《讀書雜志》之義法,與精研書中之字例文例。竊以爲自宣聖以還,從事斠讎者,代不乏人,惟自鄭樵〈校讎略〉,始以專門名家,南宋鄭漁仲著〈校讎略〉研究聚書之方,勘書之法,分別源流之故,編次部目之術,綜造廿論。章實齋贊其蓋自石渠、天祿以還,學者所未嘗窺見者也。自戴東原校讎學始具有科學精神,說本梁啓超《清代學術概論》。自王念孫、引之父子,校讎學始樹立科學方法。案王念孫《讀書雜志》,後人歸納其校書方法,除覈對諸本外,更有其他八法:一、取證他書所徵引;二、取證類書所徵引;三、取證古書注所徵引;四、參證本書上下文;五、參證本文注疏;六、參證他書;七、依據古韻;八、依據體例。又該書《淮南・內編》竟,嘗作〈序〉推究典籍致誤之由,以爲傳寫譌脫者半,憑意妄改者半,並列舉六十四例,以見其端涘。迨後若俞曲園、俞氏著《古書疑義舉例》,蓋繼王氏《淮南內書》、《雜志・序》而對典籍致誤之原因,提出三十四條通例。孫仲容蓋承王學而恢廓之,但終不能盡超越王氏藩籬也。案民國開元之後,北京大學教授陳援菴著《元典章校補釋例》六卷(中央研究院歷史語言研究所專刊之一),曾將斠讎之法,歸納爲對斠法、他斠法、本斠法、理斠法四種,使斠讎之法更具條理。以下論仲容斠書方法與原則,並分舉實例以明之:

(一)斠讎之方法

(1)用舊刊古本

斠書之目的在復一書之本眞,所據底本愈古,則變動愈少,愈接近其本來面目。案我國學界習以版本刊刻年代,斷定其對校勘之價值,如宋刻優於元刻,北宋本優於南宋本之類是。以爲刊刻愈早,去古愈近,錯訛之處亦愈少,自無疑問,殊不知此認識並不

完全正確。宋王應麟早有「監本未必是，建本未必非」之說。而綜觀西洋校勘學，其方法則異是，〔註1〕彼邦恆以各本歷史，斷定其對校勘之價值。譬如有甲、乙兩本。甲本係據丙本刊刻者，丙本係據丁本刊刻者，丁本係據戊本刊刻者，而乙本則係據己本刊刻者，己本亦係據戊本刊刻者。甲本與戊本間經兩次翻刻，乙本與戊本間僅經一次翻刻，則乙本刊刻之年代，縱較甲本為晚，而其對校勘之價值，却較甲本為高，校書之參驗古本，實應依此法判優劣。仲容斠書於古本舊刊之蒐求，不遺餘力，如：

《戰國策》高誘注：用黃丕烈景刊宋姚宏校本，明刻鮑彪注本，以及元刻吳師道校注本。

《急就篇》顏師古注：用元刻王應麟補注與孫星衍校皇象碑本。〔註2〕

《吳越春秋》：用元刊徐天祐注本。

《列女傳》：用阮元景宋刊本。

《管子》尹知章注：用景宋楊忱刊本。

《晏子春秋》：用吳鼒景元刊本。

《列子》張湛注：用蔣氏景宋刊本，汪繼培校宋刊本。

《莊子》郭象注：用明世德堂刊本，宋本成玄英《莊子疏校》。

《荀子》楊倞注：用景宋臺州刊本，日本久保愛增注本。

《法言》李軌注：用秦恩復景刊宋治平監本，明世德堂刊五臣音注本，宋本音義校。

蓋仲容斠書儘選舊刊古本，案：實例甚多，茲姑舉以上數例，以厭讀者；如有未盡，可參看《札迻》本書。故能對勘正誤，搜厥根荄，言前人之所不能言。如：

斠《吳越春秋·句踐入臣外傳第七》：「青龍在勝先而臨酉。」

仲容案：宋、元本如此。明袁經、吳琯、馮念祖刊本並同。何本「先」作「光」，非也。《五行大義》第二十〈論諸神篇〉云：「午勝先者，陽氣大盛，陰氣時動，惟陽在先為勝也。」《黃帝龍首經》亦云：「午為勝先。」蓋古六壬式皆如此作。何刻依俗本六壬書改「先」為「光」，殊繆。

〔註1〕 見崔垂言先生《古籍校勘學要略》第七節。

〔註2〕 王國維校松江本《急就篇》一文載《急就》版本有十一種。計漢人隸書本、松江石刻本、類帖本、陳氏獨抱盧覆刊松江本、趙文敏章草本、趙文敏正書本、岱南閣本、顏本、《古佚叢書》本、宋太宗御書本、日本僧空海臨本。顏本即王應麟補注，岱南閣本即孫星衍校皇象碑本，王氏以岱南閣本即松江本，若然，在敦煌隸書本未曾出土前，則此亦最古本矣。

（2）採其他輔本

仲容於斠讎之役，底本求古。惟先秦舊典，代經翻刻，秦火兵燹，損毀者眾。眞本既不可得，而古本最早者亦僅漢刻、唐鈔、宋槧而已；然手書傳寫之譌仍不可免。故仲容於古本之外，兼集輔本。

夫精於斠讎者，舉誼塙鑿，輔本固不必多，如高郵王氏、金壇段氏，其立說多與未見之本合，此其所以令人嘆服也。然輔本多，實有助於判斷；輔本少，則難免疏失，或見而未備，或顧此失彼，或忽而未斠。茲就《札迻》中所可考見者，示例如下：

仲容採用之輔本：

《管子》尹知章注：除以景宋楊忱刊本爲底本外，兼採安井衡《纂詁》本、洪頤煊《義證》、戴望《校正》、王念孫《讀書雜志》、俞樾《諸子平議》。

《晏子春秋》：除以吳鼒景元刊本外，兼採盧文弨《羣書拾補》、孫星衍《音義》、黃以周校勘，王念孫《讀書雜志》、俞樾《諸子平議》。

《老子》王弼河上公注：除以聚珍版王注本爲底本外，兼採明刻河上公注本、唐傅奕校本、陸德明《釋文》、畢沅《攷異》、王念孫《讀書雜志餘編》、俞樾《諸子平議》。案：朱謙之所著《老子校釋》，其於〈自序〉中自謂所據校本甚多，計石本有十一種，而以景龍碑本爲首。寫本十五種，皆屬敦煌莫高窟故物。舊鈔本四種，皆屬日本鈔本，最早者爲鎌倉時代奈良聖語藏舊鈔卷子殘本。佚本十種，首爲王羲之《道德經帖》。《道藏》本四十一種，均見於上海涵芬樓影印《正統道藏》中。其他刻本共二十種，以怡蘭堂校嚴本居首。各本共計一百零一種，至於考訂書目尚不計在內。所收板本之完備，自《老子》有校讎以來所未有也。

亦有本書既乏人斠，更無輔本備參，致有難以措手之苦。

如斠明放宋《百川學海》本《竹譜》：「鍾龍竹名。黃帝使伶倫伐之於崑崙之墟，吹以應律。《聲譜》云：『鍾龍，大竹。』此言非小大之稱。《笛賦》云：『鍾龍，非也，自一竹之名耳。』所生若是大竹，豈中律管與笛？」

仲容案：《初學記》二十八引作「鍾龍」，《文選》〈南都賦〉、〈長笛賦〉李注引竝作「鍾龍」。《御覽》九百六十三引作「種龍」，未知孰是。《續談助》「墟」作「陰」，又「聲」下無「譜」字，恐不足據。但「《聲譜》云」以下譌互難通，以意求之，似當作「《聲譜》云：『籠鍾，大竹，此言非也。《笛賦》云：「鍾龍，自一竹之名耳，非大小之稱。」所生』」，於文義乃可通，惜無善本校敓也。

亦有廣收輔本，擇善而從之例：

如斠《易林・謙之節》：「王母祝榴。」

　　張海鵬校刊本「榴作褶。」又校云：別本作『福』。瞿本作「禱」。

　　仲容案：《說文・示部》云：「褶、祝褶也。」《素問・移精變氣論篇》作
　　「祝由」同。張本文與許義合，是也。別本、瞿本竝非。

（3）參本書注疏

　　凡古籍有注疏者，其正文之失，尋繹注疏，往往可獲訂正，甚或篇第之
先後，卷帙之分合，均可推知。仲容洞悉茲道，於斠讎時多用此法。

　　如注釋與正文不相應，知由後人妄增者：

斠《易辨終備》鄭康成注：「沈藏相桐，水害潽潒潒。」

　　注云：沈藏，當藏以物。相當爲桐射發立也。

　　仲容案：此注與正文不相應，疑鄭意緯文「相桐」爲「相射」之譌，
　　注當云：「桐當爲射發立也。」今本「當爲」下有「桐」字，乃校者
　　不解而妄增。

有用注文諟正原文者：

如斠《易是類謀》某氏注：「與同射放，赤黃配樞，乾坤合斗，七以分治。」

　　注云：堯赤而舜黃，堯受天精，舜應地德，在中安配樞星也。十，
　　天地之終始也。堯、舜祖乾水，而行合北斗，天地數而以治。十，
　　或爲七也。

　　仲容案：據注，則正文「斗七」、「七」當作「十」。注「中安」當作
　　「中央」。「乾水」，「水」當作「巛」，即古「坤」字。

有以注文考釋原文意義者：

如斠《易通卦驗》鄭康成注卷下：「楊柳樺。」

　　注云：柳青楊色也。樺讀如柘。楊稊狀如女桑秀然也。

　　張惠言校云：「柳青楊」當作「柳楊青」。「柘」疑當爲「稊」。

　　仲容案：《寶典》引「樺」作「栜」，注作「柳青楊也。栜讀如枯。
　　楊生稊，狀如女桑秀然也。」「樺」，杜作「栜」，是也。《爾雅・釋
　　木》云：「女桑，桋桑。」緯字本與《爾雅》同，故鄭云「如女桑」
　　矣。杜引注文亦較完備，竝當據正。今本注「柘」字即「枯」之譌，
　　張校未當。

有以注文考古代制度者：

如斠《方言》卷九郭璞注：「凡箭鏃胡合嬴者，四鐮，或曰拘腸。三鐮者謂之羊頭。其廣長而薄鐮謂之錍，或謂之鈀。」

注云：胡鏑在於喉下。嬴，邊也。鐮，棱也。

仲容案：漢時矢鏃蓋有兩制。一則爲薄七，而以鐵爲鋌，以入槀。此〈考工·矢人〉、〈冶氏〉舊制也。一則爲豐本，或三鐮，或四鐮，而爲骹以冒槀。此後世之別制也。此云「胡合嬴者」，「胡」即「喉」也，與〈考工·冶氏〉戈戟之胡制異，而義略同，蓋即謂豐本之漸殺者，故郭云「鏑在喉下」。「嬴」，郭訓爲「邊」，實當兼有包裹之義。謂鏃之本空中而合裹其邊，其外則四鐮正方者謂之拘腸，三鐮斜角者謂之羊頭，此皆豐本之鏃也。錍與鈀廣長而薄，則即古薄七之鏃也。《爾雅·釋器》云：「金鏃箭羽謂之鏃。」郭注云：「今之錍箭是也。」蓋古矢鏃必爲薄七，景純固知之矣。錍即薄刃之名。《戰國策·趙策》，趙奢說劍云：「無脾之薄，而刃不斷。」彼「脾」即「錍」之借字。矢七與劍刃制相類，故其名亦同。此條足攷漢時矢鏃之制，而戴、錢諸家皆未能詳究其義，故略釋之。

（4）驗古注類書

清乾嘉諸儒，斠讎羣籍，於古注、類書之檢驗甚勤，誠以斠讎者，斷不可憑經驗立說，必須有一分證據，說一分之話，有十分證據，說十分之話，往昔德清俞氏，平生著述太豐，或無暇檢古注類書以印證，致專輒臆測，遭世人嗤議。近人鹽城陶鴻慶之《讀諸子札記》，襲俞氏之故技，而尤加厲焉，士林亦多所非難，案：俞氏校書失檢可參看本章第三節中「匡謬」一目，至於陶氏《讀諸子札記》可參閱王叔岷先生《斠讎學》。是皆背離科學之徵實精神，誤入談玄說理之歧途。仲容於此一遵王氏父子之弘規，而於古注、類書之採擇，較諸王氏更爲辛勤，以下列舉實例以明之。

有因古注類書而多得論斷之佐證者：

如斠《戰國策》高誘注〈中山〉：「勞者相饗，飲食餔餽。」

注云：吳謂食爲餽，祭鬼亦爲餽。古文通用，讀與「饋」同。

鮑彪云：餔，申時食。

仲容案：「餔餽」疑當爲「酺醵」之借字。《列女傳·魯之母師傳》云：「妾恐其酺醵醉飽，人情所有也。」《太平御覽·人事部》引曹大家注云：「酺醵，合聚飲酒也。」

有本書無從斠定，驗之古注類書則信手而得者：

如斠《論衡・骨相篇》：「顓頊戴午。」

　　仲容案：後〈講瑞篇〉及《白虎通義・聖人篇》文並同。盧文弨校
　　《白虎通》改「午」爲「干」云：「《乾鑿度》云：『泰表戴干』，《宋
　　書・符瑞志》：『首戴干戈』，即此。」案：盧說是也。鄭注《乾鑿度》
　　云：「干，楯也。」明不當作「戴午」，此「午」亦「干」之誤。《路
　　史・史皇紀》注引《春秋演孔圖》云：「顓頊戴干」，字不誤。《初學
　　記・帝王部》引《春秋元命苞》又云：「帝嚳戴干。」，竝可證此及
　　《白虎通》之誤。

　　「顓頊戴午」，「午」不可解，仲容首援鄭康成注《乾鑿度》，明不當作「戴
午」，末復引徐堅《初學記》、《春秋元命苞》「帝嚳戴干」句爲證，則今本「顓
頊戴午」，「午」爲「干」之誤，即烘然托出矣。

　　有由古注類書以蒐輯佚文者：

　　古書展轉流傳，或遭散失，或經刪削者多矣。幸賴古注類書之稱引，往
往尙有佚文可徵。昔王伯厚據《後漢書》注、《文選》李善注、《世說新語》
劉孝標注、《藝文類聚》、《太平御覽》等輯錄《莊子》逸文三十九條，取材雖
未廣，而影響於後世從事於輯佚之學者甚鉅。仲容先生於斠讎古籍時亦每留
意於此，案：本章第四節中第八目有考訂一類，其中列有蒐討佚文，可對參。故頗有意外
之得，茲舉數例，用見一斑。

　　如斠《南方草木狀》卷中：「由梧竹吏民家種之，長三四丈，圍一尺八九
分，作屋柱，出交阯。」

　　仲容案：明刻本佚此條，據《太平御覽》九百六十三補錄。

又如斠《孫子算經》：《太平御覽・工藝部》七引一行《算法》曰：「萬萬
穰爲載，數之極矣。或問之曰：『何以數之爲載。』」

　　仲容案：《孫子算經》云：「古者積錢，上至於天，天不能容，下至
　　於地，地不能載，天不能蓋，地不能載，故名曰載。」以上并引《算
　　經》語。檢今本《算經》無此語，疑傳錄失之。

（5）求證於關係書

　　古注類書之外，凡一書引用某書，或因襲某書，則二書謂之關係書。一
書所引用或因襲之書非一，故關係書之範圍至廣。關係書之範圍愈廣，而可
據以佐證之材料亦愈多，則其於斠讎上之創獲亦愈富，是以斠讎古籍必求證

於關係書也。仲容先生於關係書之運用略有以下三例,即:

有以關係書搜求主證者:

所謂主證,即凡一書直接稱引某書之文,則為斠定某書之主要證據。此種資料,最可珍貴,亦最可信賴。

如斠《鹽鐵論‧散不足第二十九》:「大夫達棱楹,士穎首。」

> 仲容案:《禮記‧禮器》鄭注云:「宮室之飾,士首本,大夫達棱。」孔〈疏〉引《禮緯含文嘉》、《禮書》引《尚書大傳》竝略同。次公語,即本伏《傳》,但彼以「達棱」、「首本」,竝為楹飾。《穀梁》莊二十四年《傳》說「桷」云:「大夫斲之,士斲本。」《國語‧晉語》說「榱」云:「大夫斲之,士首之。」「榱」、「桷」同物,《說文‧木部》:「榱,方曰桷」。則固非楹制。此云「大夫達棱楹」,「楹」字疑衍。「穎首」當即《穀梁》之「斲本」,然「穎」義未詳。

次公語既本伏《傳》,而伏《傳》原句為「大夫達棱」,「楹」字顯係衍文。先生惟恐證猶不足,乃出「疑衍」一詞,足見其審慎。「穎首」與古義亦未合,先生雖歷引各書相斠,惟均屬旁證,尚不無疑問,終以「未詳」為憾,亦不知蓋闕之義也。

有以關係書增益旁證者:

凡一書因襲某書之文,可作斠定某書之旁證。有主證則不必求旁證,惟有主證,復有旁證,則所得結論益加可信。且有時書無主證,或主證不足盡依,則旁證亦極可貴矣。仲容《札迻》中,類此蒐求兩證之例甚夥,茲略示一二於次。

如斠《商子‧農戰第三》:「今夫螟、螣、蚼蠋,春生秋死,一出而民數年不食。」

> 仲容案:《御覽》八百二十二〈資產部〉引「蚼」作「蚵」,注云:「胡多切。」則今本作「蚼」,乃傳寫之誤。《爾雅‧釋蟲》:「蚵,蟵何」,《釋文》云:「『何』,本或作『蚵』,音河。」又有「蚖,烏蠋」。「蚵蠋」疑即「烏蠋」,「蚵」、「烏」一聲之轉。《莊子‧庚桑楚篇》「藿蠋」,《釋文》引司馬彪云:「豆藿中大青蟲也。」即此。

又如斠《水經》酈道元注〈淇水注〉:「偷竊很鄙,有辱天官。」

> 戴東原云:近刻訛作「偷竊銀艾,鄙辱天官。」

> 仲容案:此戴依《太平廣記》改也。詳趙注釋。然審校文義,當以舊

本為長。《後漢書‧張奐傳》，奐曰：「吾前後仕進，十要銀艾。」李
注云：「銀印綠綬也，以艾草染之，故曰艾也。」《蔡中郎集‧光武
濟陽宮碑》云：「銀艾封侯。」《隸釋‧費鳳碑》云：「銀艾相亞。」
《金石萃編‧尹宙碑》云：「子孫以銀艾相繼。」《漢書‧百官公卿
表》云：「凡吏秩比二千石以上，皆銀印青綬。」艾，即青也。

觀其斠《商子》中之誤字，首由《御覽》引文，知「蚼」作「蚵」。今本
作「蚼」乃傳鈔之譌。主證既得，別求旁證，復引《爾雅釋文》、《莊子釋文》，
證生物中確有是蟲名「蚵」者。至此則「蚼」為「蚵」之誤，已因主證、旁
證之兼備而定讞矣。次仲容駁戴氏依《太平廣記》改字，首出趙一清注釋抉
其根柢。第由審校文義，歷援《後漢書‧張奐傳》李注，《蔡中郎集‧光武濟
陽宮碑》、《隸釋‧費鳳碑》、《金石萃編‧尹宙碑》、《漢書‧百官公卿表》，以
時代相近之著述，考文中造語之命義，反證仍以舊本為長，則毋庸改字之說，
已不言而喻。

有以關係書互證者：

凡有因襲關係之書，往往可以互證。此書可證彼書之失，彼書亦可證此
書之誤。因襲愈多者，可以彼此互證之例亦愈多。仲容斠書多先明原文出處，
然後將兩文節引對勘，定其正誤，如斠《鶡冠子》，以為文多與《管子‧小匡
篇》相出入。斠《淮南子‧道應訓》，以為《文子》襲《淮南子》，斠王充《論
衡‧感虛篇》，以為此本《呂氏春秋‧順民篇》。皆指證兩書互有因襲之事實，
斠者如就此考訂彼此之正誤，則所獲必多。茲錄先生成說，示例如下。

如斠《論衡‧感虛篇》：「禱辭曰：『余一人有罪，無及萬夫，萬夫有罪，
在余一人。天以一人之不敏，使上帝鬼神傷民之命。』於是翦其髮，麗
其手，自以為牲，用祈福於上帝。」

　仲容案：此本《呂氏春秋‧順民篇》：「天以一人之不敏」。「天」當
　作「無」，蓋「無」或作「无」，因誤為「天」。「麗」今本《呂覽》
　作「鄜」，《御覽》引作「麗」，與此同。「麗」即「擺」之借字，詳前《莊
　子》。

又斠〈超奇〉篇：「王公子問於桓君山以楊子雲，君山對曰：『漢興以來，
未有此人。』」

　仲容案：此王公即王莽也，「子」字衍。此文出桓譚《新論》。《御覽》
　四百三十二引《新論》云：「楊子雲何人耶？答曰：『才知開通，能

入聖道，漢興以來，未有此人也。』」即仲任所本。譚嘗仕王莽，故《新論》多稱莽爲王翁，見《意林》。此王公猶云王翁也。《御覽》引《新論》不著所問之人，此可以補其闕。

此仲容先生以《呂覽》、《新論》與《論衡》對勘，不僅可正其誤，兼能補類書之闕。似此皆信手拈來，不費氣力。但如瀏覽未徧，又何知此二書之因襲相關乎。《顏氏家訓》云：「觀天下書未徧，不得妄下雌黃。」誠哉！斯言。

（6）明文法大例

所謂文法大例，係指字例、句例而言。一書有一書之文例，其字例、句例必大體接近。時代相近之著述，其文例亦大多相似，故熟悉古書文例，亦斠讎古籍之一法也。仲容事斠讎，每有「以文例斠之」之語，但文例有特殊與普通之分，案：如仲容先生《札迻·序》云：「嘗謂秦漢文籍，誼恉奧博，字例、文例多與後世殊異，如荀卿書之『案』，墨翟書之『唯』、『毋』，晏子書之以『斂』爲『對』，淮南王書之以『士』爲『武』，劉向書之以『能』爲『而』，驟讀之，幾不能通其語。」此皆用法特殊之文例也。至於相同或相似之字例、句例，散見於各書者，謂之普通文例，此類文例甚多：如上言「與其」，或但言「與」，下言「不如」，亦作「不若」，或言「寧」，《莊子·讓王篇》：「其並乎周以塗吾身也，不如避之以絜吾行。」是屬顯例，其他更可以此類推。而斠者之運用，每須通觀大體，愼加分析，切忌泛濫無歸，亂援文例也。仲容先生以文例斠書，約分兩類，即以本書文例斠本書，與以他書文例與本書合者斠本書，以下各舉實例以明之。

有以本書文例斠本書者：

如斠《山海經·大荒東經》：「大荒之中，有山名曰鞠陵于天、東極、離瞀，日月所出，名曰折丹。東方曰折，來風曰俊，處東極以出入風。」

郭璞注：離瞀，音穀瞀。「東方曰折」，單吁之。「來風曰俊」，來風所在也。

郝懿行云：「名曰折丹」上疑脫「有神」二字。《北堂書鈔》一百五十一卷引作「有人曰折丹」，《太平御覽》卷九引亦同。

仲容案：郝校是也。後云：「東北海外，有女和月母之國。有人名曰鵷，北方曰鵷，來之風曰狻，是處東極隅，以止日月，使無相間出沒，司其短長。」《大荒南經》云：「南海渚中，有神名曰因因乎，南方曰因乎，夸風曰乎民，處南極，以出入風。」《大荒西經》云：「有人名曰石夷，來風曰韋，處西北隅，以司日月之長短。」以上

諸文，與此分係四方，文略相類。今本多譌羨不可通。綜而校之，
折丹、䰀、因乎、石夷，皆四方神人之名，經或云神，或云人，義并通。
其神出入，其方之風蓋各隨之而來。俊、狹、乎民、韋，皆四方風
之異名。此東方當作「有人名曰折丹，東方曰折，來風曰俊。」北
方當作「有人曰䰀，北方曰䰀，來風曰狹。」今本「來」下衍「之」
字，當刪。「是處東極隅」，「極」當作「北」，與西方云「處西北隅」，
文例同。南方當云「有神曰因乎，來風曰乎。」今本「因」字誤重，
「來」又誤「夸」，「乎」下有「民」字者當爲「是」，「是」古通作
「氏」，與「民」形近而致誤。「是處南極」，與北方云「是處東北隅」
文例亦同也。西北方當云「有人名曰石夷，西方曰石，來風曰韋。」
今本無「西方曰石」四字，誤挩也。

　　此以《大荒東經》本文之文例，斠本文字句之譌誤羨挩，雖不若古本、
古注、輔本、類書之足恃，惟在本書絕無其他依據之時，以本書文例自斠，
亦不失爲良法之一。

　　有以他書文例與本書對斠者：

　　如斠《莊子》郭象注〈天地〉第十二：「孝子操藥，以修慈父。」

　　　成玄英疏：修，理也。

　　　仲容案：「修」與「羞」古通。《儀禮・鄉飲酒禮》：「乃羞無算爵」，
　　　《禮記・鄉飲酒義》作「修爵無數」，是其例也。《爾雅・釋詁》云：
　　　「羞，進也。」

　　此雖以他書文例斠本書，惟仲容復引《爾雅・釋詁》以求其義，仍力圖
避免單辭孤證，足見先生斠書謹嚴矣。

（7）通音韻訓詁

　　斠讎古籍，須通音韻訓詁，或以聲求，案：王引之《經義述聞》云：「大人曰，
詁訓之旨，存乎聲音，字之聲同聲近者，經傳往往叚借，學者以聲求義，破其叚借之字，而讀
以本字，則渙然冰釋；如其叚借之字，而強爲之解，則詁籍爲病矣。」俞樾《諸子平議》序云：
「嘗試以治經之道，大要有三：正句讀、審字義、通古文叚借；得此三者以治經，則思過半矣……
三者之中，通叚爲尤要，諸老先生惟高郵王氏父子，發明故訓，是正文字，至爲精審。」或由
義證，涉獵當廣，印驗必多，案：吾師林景伊先生《說文研究講義》述黃季剛先生《說
文條例》第十三條曰：「凡《說文》讀若之字，必與本字同音，其義亦可通叚，欲知形聲字叚
借之關鍵，及古音通轉之體系，不可不詳明其例而悟其理。」繼而更推闡訓詁之方式曰：「（一）

互訓者，以某一文字解釋另一文字，彼此可以交互為訓，以義為主，故不必發生聲音上之關係。（二）義界者，以多數字解釋某一個文字，但在解釋之中，必有一字或一字以上，與彼解釋之文或字，發生聲韻關係，以說明語根之所由。（三）推因者，以某一文字說明另一文字成名之因（亦即語根之說明）。故必有聲韻之關係。推因與義界所不同者，義界有多數字，而推因僅有一字也。推因與互訓所不同者，互訓以義為主，可以反覆為訓，而推因不可顛倒也。」又第十六條曰：「叚借之道，大別有二：一曰有義之叚借，二曰無義之叚借。有義之叚借者，聲相同而字又相近也。無義之叚借者，聲相同而取聲以為義也。故形聲字同聲母者，每每叚借，語言同語根者，每每叚借。進而言之，凡同音之字皆可叚借。」其字之扞格難通者，或竟渙然冰釋，而不致強為解說，甚而魯莽改竄也。仲容斠書，於聲韻訓詁之用，特加注意，以下分別例證之。

有以聲求者：

如斠《吳越春秋・夫差內傳第五》：「不知螳蜋超枝緣條，曳腰聳距，而稷其形。」

仲容案：「稷」當讀為「側」，「側」、「稷」聲近，叚借字。《御覽・皇王部》引《尚書中候》「日下稷」，鄭康成注云：「稷，讀曰側。」是其例。

又如斠《釋名・釋天第一》：「露，慮也，覆慮物也。」

仲容案：《國語・晉語》云：「則是先子覆露子也。」韋注云：「露，潤也。」《春秋繁露・基義篇》云：「天為君而覆露之。」《淮南子・時則訓》云：「包裹覆露。」高注與韋同。《漢書・晁錯傳》云：「覆露萬民。」如淳云：「露，膏澤也。」又〈嚴助傳〉云：「陛下垂德惠以覆露之。」顏注云：「露，謂使之潤澤也。」「覆慮」、「覆露」，音相近，故互相訓。

綜茲二例，先生既知「稷」、「側」聲近通借，又援《尚書中候》鄭注以驗其是，仍力避孤證。《釋名》為音訓之書，向與《爾雅》、《說文》鼎足而三。仲容既知「露」、「慮」音近互訓，復又追其本始，明其用例，結果徧搜古籍以為佐證，決不望文生訓。求諸同時之作，殆不多覯。

有以義證者：

如斠《春秋繁露・人副天數第五十六》：「百物者最近地，故要以下，地也。天地之象，以要為帶。頸以上者，精神尊嚴，明天類之狀也；頸以下者，豐厚卑辱，土壤之比也。足步而方，地形之象也。是故禮，帶置

紳必直其頸，以別心也。帶而上盡爲陽，帶而下者盡爲陰。各其分。」

　　仲容案：以上下文義推之，人象天地，上下以要爲分。而要又與帶

　　正相直，要以上爲天，以下爲地，故帶以上爲陽，以下爲陰，所謂

　　「天地之象，以要爲帶」也。不當更以頸上下爲分。且禮，紳帶皆

　　繫於要，亦不當云「必直其頸」。此節三「頸」字，皆當爲「要」之

　　譌。「各其分」，「其」當爲「有」，〈深察名號篇〉云：「五號自讚，

　　各有分。」是其證也。

又如斠《賈子新書・孽產子》：「夫錞此而有安上者，殆未有也。」

　　盧文弨校云：「錞此」，猶言際此。《山海經》：「騩山是錞于西海，敦

　　題之山東錞于北海。」「錞」，章閏反。郭注：「錞，猶堤埻也。」是

　　則今人所謂邊際耳。

　　仲容案：盧引《山海經》證此「錞」字，是也，而釋爲「際」，則非。

　　以文義推之，「錞」當讀爲「準」。《說文・土部》云：「埻，射臬也。

　　讀若準。」是「錞」、「埻」、「準」三字聲近字通。

　　仲容先生以原文辭義證原文之譌誤，音讀、詁訓，參互印驗，頗多發明。
如證「頸」爲「要」之譌，「錞」讀若「準」，射臬也，衡諸原文，皆奄若合
符。所謂「揆之本文而協，驗之他卷而通」者也。見王引之《經傳釋詞・敘》。

（8）校其上下文

　　參證本書上下文，亦爲斠讎古籍之法。蓋人之行文造語，多有一定之習
慣，如文不相應，或辭義顛倒，皆可察覺其必有譌誤。惟此法之用，切忌穿
穴鑿空，馮虛肊造。否則以非爲是，貽害無窮矣。

　　如斠《新序》卷九〈善謀〉：「拘世之議，人心不疑矣。」

　　仲容案：《商子》作「拘事以議，寡人不之疑矣。」此「人」上蓋挩

　　「寡」字。上文衛鞅兩言「君無疑」，故秦孝公答云「寡人心不疑」，

　　若作「人心不疑」，則與上下文不相應，足知其誤。

　　又如斠《說苑・雜言》：「故君子知之爲知之，不知爲不知，言之要也。

　　能之爲能，不能爲不能，行之至也。言要則知，行要則仁。」

　　仲容案：「行之至也」，「至」字當從《韓詩外傳》三作「要」，與下

　　「言要」、「行要」文正相應。若作「行之至也」，則下文「行要」當

　　作「行至」，《荀子・子道篇》、《家語・三恕篇》正如此。此文兩不相應，足

　　知其誤。

又斠《六韜‧虎韜軍用三十一》：「提翼小櫓扶胥一百四十六具。」

　　仲容案：施本無「六」字，慶長本同。又載別本具作「九」，於數亦
　　不合。以上下文校之，此當作「一百四十四乘」。「具」亦「乘」之誤。
　　上文「武衛大扶胥三十六乘」，「武翼大櫓矛戟扶胥七十二乘」，倍「武
　　衛大扶胥」之數也。此「提翼小櫓扶胥」又倍之，故一百四十四乘。
　　諸本竝誤。

　　綜觀以上三例，固皆由文不相應而考誤改字，惟前二例復別引關係書爲
佐證，尤見其斠讎之精。

（9）依據文句韻腳

　　蓋聞文字聿興，音韻乃作，《廣韻》敘。先秦古籍字多叚借，文每協韻，《詩
經》、《楚辭》姑勿置論，即其他諸子百家中成韻之文，尚不勝備舉。誠因聲
律之用，造自血氣，而言語者，文章關鍵，神明樞機，是以往往有不期然而
然者。仲容深知此理，邃於音學，斠讎古書，每以韻腳之和舛，勘字詞之譌
誤，用力辛勤，創獲亦多，茲列數例，以示一斑。

　　如斠《易林‧師之蹇》：「武庫軍府，甲兵所聚。非里邑居，不可舍止。」

　　　　翟雲升校云：一作「非邑非里」。

　　仲容案：當作「非邑居里」。此以「府」與「聚」爲韻，「里」與「止」
　　爲韻。此書例多以二句一韻。或本惟「居里」之「居」誤作「非」，餘皆不誤。
　　文例正同。若作「非里邑居」，則下二句失韻矣。《周禮‧載師》鄭
　　注云：「廛里者，若今云邑居里。」是「邑居里」爲漢人常語，可證
　　此文之誤。

　　又斠〈解之小過〉：「丹書之信，言不負語。易我騏驥，君子有德。」

　　仲容案：「語」與「德」韻不協，疑「語」當爲「諾」之譌，藥鐸與
　　職德二部之合韻也。「易」與「賜」字通。古金文多叚「易」爲「賜」。

（10）取證方言或習慣語

　　夫方言合五方之音，殊俗之語。代有不同，習亦有別。古人傳經，多由
口授，五經諸史，每雜常語。昔東原作《轉語》二十章，自述曰：「人之語言
萬變，而聲氣之微，有自然之節限；是故六書依聲託事，叚借相禪，其用至
博，操之至約。」故以同代之方言常語考同代之著述，足以知其譌誤之大略。
仲容於此，用雖不廣，但昭昧發矇，功不可沒也。

如斠《方言》郭璞注卷五：「蠡，陳、楚、宋、魏之間或謂之簞，或謂之櫼，或謂之瓢。」

郭注：瓢，勺也，今江東通呼勺為櫼，櫼，音義。

仲容案：《集韻》五支云：「櫼，蠡也，或作櫼。」陸羽《茶經》云：「瓢，一曰犧杓，剖瓠為之，或刊木為之。晉永嘉中，餘姚人虞洪入瀑布山採茗，遇一道士云『吾丹丘子，祈子他日甌犧之餘，乞相遺也。』犧，木杓也。」陸書「犧」當為「櫼」之譌，亦即「櫼」之或體。虞洪所傳，正晉時江東方語也。

又如斠《淮南子》許慎高誘注〈主術訓〉：「聾者可令嗺筋，而不可使有聞也。」

王念孫云：「嗺筋」未詳。《易林·蒙之離》亦云：「抱關傳言，聾跛摧筋。」

仲容案：《玉篇·口部》云：「嗺，撮口也。」筋不可以言嗺。「嗺」當為「嚼」之譌。《考工記·弓人》云：「筋欲敝之敝。」注鄭司農云：「嚼之當孰。」賈疏云：「筋之椎打嚼醢欲得勞敝。」是「嚼筋」為漢時常語，即為椎打之使柔熟以纏弓弩也。「嚼」俗作「嗺」，從「雀」與從「爵」同。《廣雅·釋言》云：「嗺，茹也。咀嗺也。」《玉篇·口部》云：「嗺，同嚼」。與「嗺」形近，因而致誤。《易林》展轉傳寫，又誤作「摧」，益不可通矣。

於前例中，仲容歷引《集韻》、《茶經》，與子雲《方言》對勘，知陳、楚、宋、魏之間，稱木杓為櫼，證晉時江東方言正如此。次例王氏《雜志》以「嗺筋」不可解，《易林》更誤「嗺筋」作「摧筋」，益不可通。仲容一一摘伏，引《玉篇》以及《考工·弓人》，鄭注賈疏，知「嗺」當為「嚼」之譌，因「嚼筋」為漢人常語，意即「椎打柔熟，以纏弓弩也。」淮南王此文至是遂渙然冰釋。而仲容復引《廣雅·釋言》、《玉篇·口部》，證「雀」與「爵」同，「嗺」亦同「嚼」，「嚼」俗作「嗺」，與「嗺」形近，因而致誤。則「嚼筋」之說，實乃鐵案如山，足補王氏之闕，發《易林》之伏矣。信乎！斠書之難，亦由此可知。

（二）斠讎之原則

仲容先生於斠讎古籍之方法，既備密於前修；其斠讎之原則又如何乎？孟子曰：「不以規矩，不能成方圓，不以六律，不能正五音。」又曰：「大匠教人

必以規矩」，則方法原則，亦即所謂規矩準繩。先生於斠讎之原則，本未明示方圓，啓發途徑。惟方法既得，苟再抽繹其原則，則可按彎斠讎之場，而環絡藻繪之府矣。茲乃綜理其所著，得以下若干條。各條之內，並援實例以證成其說，明先生無鑿空立言之教也，幸讀者折衷其間，旁推而交通之可也。

（1）凡仲容先生所攷論，雖復簡絲數米，或涉瑣屑；然匡違茝佚，必有誼據，無以孤證臆說，貿亂古書之真

如斠《釋名‧釋親屬第十一》：「高祖，高，皋也，最在上，皋韜諸下也。」

仲容案：「皋」與「櫜」通。《毛詩‧小雅‧彤弓》傳云：「櫜，韜也。」《周禮‧地官‧大司徒》鄭注云：「蓮芡之實有櫜韜。」「皋韜」即「櫜韜」，蓋覆冒包裹之言。

案斠讎古籍，其目的在復本書之真，如無誼據，斷不可專輒妄乙。即如上例，仲容以爲「皋與櫜通」，遂援《毛詩》、《周禮》之傳注所載相同之辭類以證之，最後楬出本義，致原本「皋韜諸下也」，得此則晦而復明。

（2）凡仲容先生斠書，有援古注他校者，必先考訂其正誤，再舉證以楬其致誤之由，決不以私見定是非

如斠《管子》尹知章注〈任法第四十五〉：「然故諶杵、習士、聞識、博學之人不可亂也。」

尹注云：「杵」，所以毀碎於物者也。謂姦詐之人，僞託於誠，以毀君法。「習士」，謂習法之士。「聞識」，謂多聞廣識。

仲容案：「諶杵」當爲「堪材」，皆形之誤也。《墨子‧號令篇》：「民室材木」，〈備城門篇〉，「材」誤作「杵」，是其證。《爾雅‧釋詁》云：「堪，勝也。」《國語‧周語》韋注云，「堪，任也。」《書‧西伯戡黎》孔疏引《爾雅》孫炎注云：「戡，強之勝也。」「堪」、「戡」字通。《呂氏春秋‧報更篇》云：「堪士不可以驕恣屈也。」「堪材」，謂材力強勝，能任事者，與《呂覽》「堪士」義同。「聞」亦當爲「閒」。「堪材、習士、閒識、博學」四者，文正相對。注望文生訓，傅會可笑。俞校疑「諶杵」當作「諶斟」，亦非。

案先生斠書，首引古注他校，如原校有誤，輒先發其伏，繼廣蒐旁證爲佐，以明是非自有準矩也。即如此例「諶杵」當爲「堪材」之形誤，尹注既不諦堪材、習士、閒識、博學，四者相對成文，又不悉形近致誤之由，遂以

誤字釋義，致遭望文生訓，傅會可笑之譏。而仲容不僅指證其誤，更舉《墨子》、《爾雅》、《國語》、《尚書》、《呂覽》爲依附，則原注之失，本書之誤，至此已晃朗可知矣。

（3）古人著述，不尚空談，其行文立意，必有出處。仲容先生斠書，多搜厥根荄，窮究源流，決不淺嘗輒止

如斠《水經・洛水注》：「黃帝東巡河過洛，脩壇沈璧，受龍圖于河，龜書于洛，赤文綠字。」

戴東原校云：「綠」近刻訛作「篆」。

趙氏《朱箋刊誤》云：「篆」，「綠」字之誤。

仲容案：此注自「黃帝東巡河，過洛」以下，至「湯以伐桀」，竝隱括《尚書中候》文。《藝文類聚・祥瑞部》及《御覽・皇王部》竝引《中候》云：「河出龍圖，洛出龜書，曰威赤文像字，以授軒轅。」則此「篆」當爲「象」之誤，趙、戴改爲「綠」，非也。《中候》別紀堯事云：「龍馬負甲，赤文綠色，自河而出。」亦見《類聚》、《御覽》，與此黃帝事不同。

又如斠《鹽鐵論・鹽鐵取下第四十一》：「年饑則肆。」

仲容案：此用今文《論語》義也。《隸釋》漢石經論語碑末記盍、毛、包、周諸家有無不同之文，有「蓋肆乎其肆也」六字，即〈顏淵篇〉「盍徹乎」，如之乎其徹也」之異文。《小爾雅・廣言》云：「肆，緩也，言年饑當緩其征賦。」次公語即本於彼。

仲容先生斠《水經・洛水注》，證酈注蓋隱括《尚書中候》文，而戴、趙不考，誤改「篆」爲「綠」，實「篆」乃「象」之譌，舊校蓋不辨堯事與黃帝事兩不相侔也。至於斠《鹽鐵論》「年饑則肆」之句，援漢石經論語碑「盍毛包周」之文，知次公造語之所本，兼明石刻文字爲考訂古經異同之重要文獻。

（4）凡先生斠書，有釋本文之義者，大氐先諟正文字，再闡釋其義，並駁各家之誤

如斠《管子》尹知章注〈乘馬第五〉：「士聞見博學意察而不爲君臣者，與功而不與分焉。」

注云：此人學以爲君之臣也，然以高尚其事而不爲。若此者，預食農收之功，而不受力作之分也。

仲容案：「閒」當作「閒」，即「嫺」之叚借字。「閒見」，即《荀子・
脩身篇》所謂「多見曰閒」。閒、閒字亦通。「閒見」與「博學」，文相
對，亦猶後〈任法篇〉云「閒識博學」也。「功」即《周禮・內府》
之「九功」，亦即〈太宰〉「九職」之功也。「分」，即〈大宰〉「九式」
之「匪頒」，注鄭司農云：「匪，分也。」鄭康成云：「王所分賜羣臣
也」。「與功而不與分」者，謂不爲君臣，則與民同受九職之功，而
不得受分頒之賜給也。尹注並誤。

此分釋《管子・乘馬》之文，並駁尹注之失。但仲容亦有先駁舊說，再
諟正原文而分釋其義者。其次第容有傎倒，而其立說之要，終不越此範疇。

如斠《戰國策》高誘注〈趙一〉：「昔者，五國之王，嘗合橫而謀伐趙，
參分趙國壞地，著之盤盂，屬之讎柞。」

鮑彪注：「讎柞」、「酬酢」同。言其相屬伐趙於酬酢之間。

仲容案：「屬之讎柞」，義難通，鮑說穿鑿，不足據。以文義推之，
疑「讎柞」當讀爲「疇籍」，「讎」、「疇」，「柞」、「籍」並聲近叚借
字。「讎」從「雔」聲，《說文・雔部》云：「雔，讀若疇。」「籍」古音同「胙」，
詳前。《淮南子・氾論訓》「履天子之籍」，高注云：「『籍』或作『胙』。」「柞」、「胙」、
「胙」聲類同。古典冊篇章或謂之疇。《書・洪範》云：「天乃錫禹洪
範九疇。」《漢書・五行志》釋之曰：「天迺錫禹大法九章」是也。「著
之盤盂，屬之讎柞」，謂五國約誓之言，書之彝器與冊籍也。

先生考「讎柞」爲「疇籍」之通叚字，「屬之讎柞」即「書之彝器與冊籍
也」，並引《說文》、《淮南子》、《書經・洪範》、《漢書・五行志》以爲旁證，
其說實塙不可易。其駁鮑彪注穿鑿，並置諸案語之首，次第與前例小異，而
內容一致，終不容相矇也。

（5）凡先生斠讎古籍，非字斟句酌，通理全書；而係取秦漢以逮齊梁，
故書雅記七十餘家，揀其辭義之難解者，申證厥旨，按冊迻錄

如《札迻》卷一：

《易乾鑿度》鄭康成注：卷上五條，卷下十四條。

《易稽覽圖》鄭康成注：卷上二條，卷下無。

《易辨終備》鄭康成注：七條。

《易通卦驗》鄭康成注：卷上三十五條，卷下六十一條。

《易是類謀》某氏注：共二十條。

《易坤靈圖》鄭康成注：僅一條。

《易乾元序制記》鄭康成注：僅二條。

《札迻》他卷斠法可以此類推，恕不煩徵。

又如《周書斠補》卷一〈度訓解第一〉有七條，〈命訓解第二〉計六條，〈常訓解第三〉計二條。〈文酌解第四〉有六條，〈糴匡解第五〉共八條，〈武稱解第六〉衹一條，〈允文解第七〉止二條，〈大武解第八〉亦三條，〈大明武解第九〉有五條，〈小明武解第十〉有一條，〈大匡解第十一〉計四條，〈程典解第十二〉僅三條。其他各解各卷，亦止若干條，非全書通斠迻繹也可知，蓋仿王氏《讀書雜志》之體例也。

（6）凡先生斠讎既定，迻錄之次，以七十餘家時代先後為序。各家之內，先列著述名稱，旁注細字，說明所用之板本、校本、注、疏以及刻本。次行頂格照錄本文，舊說附焉。然後隔字再書案語。務期爛然朱墨，涇渭異流也

如斠《韓非子》：

韓非子某氏注　吳鼒景宋乾道刊本　顧廣圻識誤校　日本蒲阪圓增讀韓非子校

盧文弨羣書拾補校　王念孫讀書雜志餘編校　俞樾諸子平議校

初見秦第一　其頓首戴羽為將軍斷死於前盧校改頓為頡云據戰國策補

注改引正《說文》頡直項也　案元本國策補注仍作頓盧校非此頓首

疑當作頓足下文云頓足徒裼犯白刃蹈鑪炭斷死於前者皆是也正與此

文相應是其證

原書無標點斷句，茲姑錄一例，以見大凡。其他各卷所斠多類此，可推也。

（7）先生斠讎古籍，凡本書之誤字誤義，而釋有兩出者，必附注曰詳於某，或別見於某

如斠《韓非子・難三第三十八》：「知下明則見精沐。」

仲容案：「精沐」義不可通，疑當為「精悉」。《說文・心部》云：「悉，詳盡也。」「悉」或變作「㤜」，又譌作「怵」，見前《管子》。與「沐」形近，因而致誤。

又如斠《韓非子・八說第四十七》：「摺笏干戚，不適有方鐵銛。」

注云：方，楯也。

　　仲容案：「有方」，當爲「酋矛」。「酋」、「有」音近，「矛」、「方」形近，因
　　而致誤。《墨子・備水篇》云：「亓二十人，人擅酋矛。」今本亦誤作
　　「有方」，與此正同。詳余所著《墨子閒詁》。

　　首例疑「精沐」爲「精悉」之誤，說見前《管子》。後例說「有方」當爲
「酋矛」之誤，其詳見《墨子閒詁》。仲容行文要而不煩，類多如此。

（8）先生斠書，凡用同書中之兩文互勘以見意時，必曰見後某篇，或見前某篇

　　如斠《賈子新書・匈奴》：「夢中許人，覺且不背其信。」

　　　　戴望校云：此不可解，必是妄增。

　　　　仲容案：此隱據周文王事，見後〈諭誠篇〉，非後人妄增。

　　如斠《鹽鐵論・和親第四十八》：「大夫曰：『昔徐偃王行義而滅，好儒而削。』」

　　　　仲容案：「好儒而削」非徐偃王事，此上當有挩文。前〈相刺篇〉云：
　　　　「昔魯穆公之時，公儀爲相，子思、子厚爲之卿，然北削於齊，以
　　　　泗爲境。」疑此「好儒」上即挩「魯穆公」三字。

　　又斠《數術記遺》甄鸞注，注云：「徐援受記，億億曰兆，兆兆曰京。此
　　即上數也。」

　　　　仲容案：「徐援受記」疑當作「徐爰記云」，詳前。

　　首例「見後〈諭誠篇〉」，因原文過長，略去。次例「前〈相刺篇〉」，綴
錄原文。末舉「徐援受記」，疑作「徐爰記」，「詳前」者，因本書不分卷帙，
故不錄篇目。

（9）先生斠書，凡於釋本文之義時，有以不釋義爲釋義者

　　如《莊子・讓王第二十八》：「顏回對曰：『不願仕。回有郭外之田五十畝，
　　足以給飦粥；郭內之田十畝，足以爲絲麻。』」

　　　　仲容案：「郭內之田以爲絲麻者」，即《周禮・載師》云：「以場圃任
　　　　園地」也，凡園地，在國門之外，郭門之內。詳《周禮正義》。《管子・
　　　　輕重甲篇》云：「桓公憂北郭民之貧，召管子而問曰：『北郭者，盡
　　　　屨縷之甿也，以唐園爲本利。』」「唐園」即「場圃」，「屨縷之甿」即
　　　　「爲絲麻」者也，與此文可互證。

　　又如斠〈盜跖第二十九〉：「此四者，無異於磔犬流豕操瓢而乞者。」

　　　　《釋文》云：李云：「言上四人不得其死，猶豬狗乞兒流轉溝中者也。」

乞或作走。

成本作「此六子者」,《疏》云:「六子者,謂伯夷、叔齊、鮑焦、申徒、介推、尾生。」又云:「『豕』字有作『死』字者。」

仲容案:「此四者」當從成本作「此六子者」。「流豕」無義,疑當爲「沈豕」。《周禮・大宗伯》云:「以貍沈祭山林川澤,以疈辜祭四方百物。」此「磔犬」即所謂「疈辜」,「沈豕」即所謂「沈」,言犬豕見磔,沈棄於溝壑,乞人亦然。《荀子・榮辱篇》云:「是其所以不免於凍餓,操瓢囊爲溝中瘠者也。」可證此章之義。

此即詳引他書之文相互證,故以不釋義爲釋義。

(10)凡先生於本文斠字釋義,有未徹底融會者,必發伏闕疑,以俟君子;決不逞臆強解

如斠《說苑・臣術》:「楚令尹死,景公遇成公乾曰:『令尹將焉歸?』」

仲容案《渚宮舊事》二載此事,作「成公朝」,未知孰是。

又如斠《西京雜記》卷下:「公孫弘以元光五年爲國士所推尙爲賢良。國人鄒長倩以其家貧,少自資致,乃解衣裳以衣之,釋所著冠履以與之。」

仲容案:林寶《元和姓纂》八御云:「御,姓。《周禮》有御人,即〈夏官〉圉人。《左傳》有御叔,漢有御長倩者,丞相公孫弘故人。」當即此鄒長倩也。鄧名世《古今姓氏辨證》援此書作「鄒」,以駁林說,則宋本亦作「鄒」。又《廣韻》十八尤,「郵」字注云:「又姓。《西京雜記》有郵長倩。」「鄒」、「御」、「郵」,形並相近,古籍岐互,未知孰爲正字也。

又斠《文心雕龍・聲律第三十三》:「若長風之過籟,南郭之吹竽耳。」

「南」,元本、汪本、活字本、馮本竝作「東」。

注云:「元作『東』,葉循父改。」

紀云:東郭吹竽,其事未詳。若南郭濫竽,則於義無取,殆必不然。

仲容案:葉校作「南」,據《韓非子・內儲說》上、〈七術篇〉改也。今檢《新論・審名篇》云:「東郭吹竽,而不知音。」袁孝政注亦以齊宣王東郭處士事爲釋。則「南郭」古書自有作「東郭」者,不必定依韓子也。但濫竽事終與文意不相應耳。

夫斠讎至難,書未閱徧,即不敢妄加雌黃。仲容斠書必有主、佐、旁證相驗,聲類形近之通借,然後始議其是非;否則即如上列三例,一曰「未知孰是」,

再曰「未知孰爲正字」，三曰「終與文意不相應」，發其伏而摘其疑，以待知者，決不逞肊妄斷。夫子曰：「毋意、毋必、毋固、毋我。」豈此之謂乎！

四、孫氏斠讎古籍之成就

古書之所以失眞，綜其大要，不外二端，一即後人之改竄，次乃傳鈔、刊刻之譌誤；但討其變化，則又萬塗競趨，至繁且賾。孫氏自謂「以竹帛黎棗，鈔刊屢易，則有三代文字之通叚，有秦漢篆隸之變遷，有魏晉正帥之輥淆，有六朝唐人俗書之流失，有宋元明校槧之屢改，迻徑百出，多岐亡羊，非覃思精勘，深究本原，未易得其正也。」案：見《札迻·序》。先生以三十年覽涉所得，其成就至爲可觀，如斠文字，定衍挩，糾誤倒，通句讀，補闕遺，匡違繆，考事實，明凡例，皆能援據古籍，以補茝訛奪，根柢群經，以詮釋古言，筆鍼墨灸，不僅使我受書之益，更使書受我之益也。是以條別其所著，甄擇區分，錄而次之，以彰先生斠書之偉績，作學者研古之借鑑。此節共分八門，各門之中別分子目若干，每目之後，並附所斠之例。徵實固無厭煩引，總以取足文義爲尙。

（一）斠文字

（1）有關字形者

古文形近之誤

如斠《尉繚子·兵談》：「大不窕，小不恢。」

> 仲容案：「恢」無義，當爲「桄」之誤。《說文·木部》云：「桄，充也。」《墨子·尚同下篇》云：「是故大用之，治天下不窕；小用之，治一國一家不橫者，若道之謂也。」「橫」、「桄」字通。《一切經音義》說：「桄，古文作橫。」《禮記·孔子閒居》鄭注云：「橫，充也。」「不桄」，即謂不充塞。《說文·火部》：「光，古文作茨。」與「灰」相近，故「桄」誤作「恢」也。

又斠《周書》卷二〈商誓解〉第四十三：「及大史比小史昔及百官里居獻民。」

> 朱亮甫云：「比」、「昔」，皆人名。
>
> 莊葆琛校改「大史比小史昔」爲「大史友小史友」。

仲容案：莊校與《書‧酒誥》合，是也。《說文‧又部》：「友，古文作𦦝，又作𦥑。」與「比」、「昔」二字並相似，故傳寫致誤。朱說失之。

籀文形近之誤

如斠《穆天子傳》郭璞注卷四：「右服騧驪。」

　　注云：疑華騮字。

　　仲容案：「騧」當作「𩥉」，即籀文「騧」字。「𩥉」譌作「䯄」，又譌為「騧」，說詳《列子》。

又斠卷六：「乃鼓之棘。」

　　洪頤煊校：「鼓」疑是「樹」字之譌。

　　仲容案：洪校是也。《說文‧木部》：「樹，籀文作𣕐。」與「鼓」形相近，故誤。

篆文形近之誤

如斠《韓非子‧八經第四十八》：「而務賕紋之政。」又云「行賕紋以疑法。」

　　顧廣圻云：「紋」字有誤，未詳所當作。

　　仲容案：「紋」，疑當作「納」，篆文「納」作「𣄼」，「紋」作「𣄦」，二形相近而誤。「納」，謂納貨財子女也。《國語‧鄭語》說褒姒云：「褒人有獄而以為入。」「入」、「納」義同。

又斠《淮南子》許慎高誘注〈精神訓〉：「人之耳目，曷能久熏勞而不息乎。」

　　仲容案：「熏勞」無義。「熏」，當作「勤」。「勤」挩其半為「堇」，又譌作「熏」，篆文「堇」作「𦰌」，「熏」作「𤎆」，二形相似而譌。遂不可通。《文子‧九守篇》襲此文，作「何能久燻而不息」，亦非。《御覽》三百六十三引《文子》作「人之耳目何能久勤而不愛」，文亦有譌，而「勤」字可正《文子》及《淮南》此文之誤。

漆書省變之誤

如斠《穆天子傳》郭璞注卷四：「圅固為右。」

　　仲容案：「圅固」當作「泰呂」，漆書或微有省變，展轉摹寫，遂譌舛不可辨。

案通觀《札迻》、《周書斠補》，僅有此條，故錄之以饗讀者。

隸書形近之誤

如斠《春秋繁露・王道第六》：「靈虎兒文采之獸。」

盧文弨云：「靈」，疑即《左氏傳》「葸靈」之「靈」。

仲容校：「葸靈」於義無取，盧說不足據。竊疑當爲「戲」之壞字。「戲」，漢隸或作「戯」，見《隸釋》漢孫叔敖碑。俗書「靈」或作「霝」，見〈唐內侍李輔光墓志〉。「戲」字挩落，傳寫僅存左半，與「靈」相似，因而致誤。

又斠〈山川頌第七十三〉：「鄣防山而能清淨。」

盧文弨云：《說苑》〈雜言〉作「障防而清」。《古文苑》「山而」作「止之」。

仲容案：「山」當即「之」字，隸書相近而誤。「而」、「能」二字古通，詳後《說苑》。必有一衍。

草書形近之誤

如斠《春秋繁露》〈祭義第七十六〉：「春上豆實，夏上尊實，秋上朹實，冬上敦實。」又云：「尊實，虋也，夏之所受初也。」

戴望校引錢大昕云：「尊」當爲「籩」。《周禮・籩人》「四籩以虋爲首」。尊，酒器，不可以盛籩實。隸書「籩」或省「辵」，因誤爲「尊」耳。

仲容案：錢說是也。惟「虋」與「尊」形實不相近，無由致誤。竊謂「尊」當爲「算」之譌。《禮記・明堂位》云：「薦用玉豆雕篹。」鄭注云：「篹，籩屬也，以竹爲之。」《史記・汲鄭列傳》云：「其餽遺人，不過算器食。」《集解》引徐廣云：「算，竹器。」「篹」從「算」得聲，古字通用。《儀禮・士冠禮》鄭注云：「匴，竹器。古文匴爲篹。」此以「算」爲「篹」，猶今文禮以「匴」爲「篹」也。此以「夏上算實」配「春上豆實」，猶〈明堂位〉以「雕篹」配「玉豆」，皆以「篹」當「籩」，明其同物也。「算」艸書或作「祘」，皇象書《急就篇》凡從「竹」字通作 ⟋ 形，是其例。與「尊」正相似，因而致誤。

如斠《商子・墾令第二》：「則誅愚亂農農民，無所於食，而必農。」

俞樾云：「誅」通作「朱」，《莊子・庚桑楚篇》：「楚人謂我朱愚。」即此文「誅愚」矣。

仲容案：俞釋「誅愚」是也。此疑當作「則誅愚亂農之民，無所於

食，而必農。」「之」字草書與重文相似，故誤為兩「農」字也。

俗書形近之誤

如斠《鹽鐵論・錯幣第四》：「吏近侵利，或不中式，故有薄厚輕重。」

仲容案：「吏近」，義不可通。「近」，當為「匠」，謂鑄泉之工匠也。《干祿字書》「匠」俗作「近」，亦見唐易州御注《道德經》及《僧定太等造像記》。與「近」相似，因而致誤。

又斠《吳越春秋・越王無余外傳第六》：「迴崑崙，察六扈，脈地理，名金石。」

仲容案：「六」疑當作「玄」。《山海經・中山經》云：「陽虛之山，臨于玄扈之水。」郭注引《河圖》云：「蒼頡為帝，南巡狩，登楊虛之山，臨于玄扈、洛、汭，靈龜負書，丹甲青文以授之。」「玄」，俗書或作「㐪」，挩其半，遂成「六」字耳。

偏旁相同之誤

如斠《鹽鐵論・散不足第二十九》：「今富者鼲鼯狐白鳧翥。」

仲容案：「鳧翥」，「翥」當為「翁」，二字下皆從「羽」，相涉而誤。《急就篇》云：「春草雞翹鳧翁濯。」顏注云：「鳧者，水中之鳥；翁，頸上毛也。」又云：「言織刺此象以成錦繡繒帛之文也。」此「鳧翁」蓋謂裘飾，與繒帛文同。

又斠《論衡・自紀篇》：「或虧曰。」

仲容案：「虧」當為「戲」，「戲」隸書或作「戱」，見韓勅〈造禮器碑〉。「虧」，俗通作「虧」，見《干祿字書》。左皆從「虛」，故古書多互譌。

合上列八類，有古文形近之誤、籀文形近之誤、篆文形近之誤、漆書省變之誤、隸書形近之誤、草書形近之誤、俗書形近之誤、偏旁相同之誤，皆剖析分毫，追究原流，將原字形近致誤之由，簡剔無賸義矣。其他尚有數類，如古今字、本叚字、別體俗字、變體字、壞字，固不限於形近致誤之列；要亦形變之一端也，姑附本節之目，俾資參證。

古今字

如斠《山海經・海內西經》：「非仁羿莫能上岡之巖。」

郭璞注：言非仁人及有才藝如羿者，不能得登此山之岡嶺巉巖也。「羿」一作「聖」。

畢沅云：《說文》：「羿，羽之羿風。」疑此云「仁羿」，言非有羽翼不能上。

郝懿行云：「仁」、「仍」古字通，「羿」、「羽」義近。《楚辭·遠遊篇》云：「仍羽人於丹丘。」「仁羿」即《楚辭》「仍羽人」，言羽化登仙也。

仲容案：「仁羿」文難通，注亦迂曲，郝說尤穿鑿，不足據，竊疑「仁」當作「𡰥」，其讀當為「夷」。《說文·人部》：「仁，古文作𡰥。从尸。」邱光庭《兼明書》引《尚書》古文「嵎夷暘」，「夷」字皆作「𡰥」，今文皆作「夷」。此唐人所傳僞古文，宋薛季宣《書古文訓》同。雖非漆書舊本，然亦摭拾古字為之。是「仁」、「夷」兩字，古文正同，故傳寫易誤。「𡰥羿」，即襄四年《左傳》之「夷羿」，杜注云「夷氏」是也。羿有才藝，故能上岡之巖，奚必仁人乎！

又斠《淮南子》許慎高誘注〈時則訓〉：「其樹杏。」

高注：杏有竅在中。

莊逵吉校云：《太平御覽》注云：「杏有核在中。」

仲容案：杏不可言有竅。「竅」當為「覈」，「覈」、核古今字。後三月「其樹李」，注云：「李亦有核。」說與杏同，正蒙此注而言，《御覽》是也。

本𣪁字

如斠《荀子》楊倞注〈樂論篇第二十〉：「亂世之徵，其服組。」

仲容案：組」謂華麗也，即「𧜀」之𣪁字。《說文·黹部》云：「𧜀，合五采鮮色，《詩》曰：『衣裳𧜀𧜀。』」《晏子春秋·諫下篇》云：「聖人之服，中侻而不𪗨。」又云：「今君之服，𪗨華不可以導眾。」「組」、「𪗨」字亦通。

又斠〈解蔽第二十一〉：「空石之中有人焉，其名曰觙。」

注云：空石，石穴也。蓋古有善射之人，處深山空石之中，名之曰觙。

仲容案：「空石」當是地名，疑即「窮石」之借字。《左傳·昭九年》「窮桑」，《淮南子·本經訓》作「空桑」。《左傳·襄四年》云：「羿遷窮石。」即其地也。後文云：「夏首之南有人焉，曰涓蜀梁。」「夏首」亦地名，與此正同。

別體俗字

如斠《素問》王冰注〈氣交變大論篇第六十九〉：「木不及春，有鳴條律暢之化。」又云：「土不及四維，有埃雲潤澤之化，則春有鳴條鼓坼之政。」

　　仲容案：後〈五常政大論篇〉云：「發生之紀，其德鳴靡啓拆。」〈六元正紀大論篇〉云：「其化鳴紊啓拆。」與此「鳴條鼓拆」，三文並小異，而義怡似同。竊疑「鳴條」當作「鳴璺」，「鼓」亦當作「啓」。上文云：「水不及則物疏璺。」〈六元正紀大論〉又云：「厥陰所至，爲風府，爲璺啓。」注云：「璺，微裂也。啓，開坼也。」然則「鳴璺」者，亦謂風過璺隙而鳴也。其作「條」、作「紊」、作「靡」者，皆譌字也。「璺」者，「釁」之別體。《方言》云：「器破而未離謂之璺。」郭注云：「璺，音問。」與「紊」音同，故譌爲「紊」。校寫者不解「鳴紊」之義，或又改爲「鳴條」。「條」俗省作「条」，與「紊」形近。「釁」，俗又別作「亹」。鈕樹玉《說文新附攷》云：「亹，釁之俗字。」「釁」一變爲「𨤲」，見唐〈等慈寺碑〉，再變爲「亹」，《爾雅‧釋文》音「亡匪反」，與「靡」音近，則又譌作「靡」。古書傳寫，展轉舛貿，往往有此，參互校覈，其沿譌之迹，固可推也。

此例至稀，而譌變最絲，姑舉此斠，讀者善推之可也。

變體字

如斠《素問》王冰注〈著至教論篇第七十五〉：「雷公曰：『臣治疎，愈說意而已。』」

　　注云：雷公言，臣之所治，稀得疼癒，請言深意而已。疑心已止也，謂得說則疑心乃止。

　　仲容案：王讀「臣治疎愈」句斷，非經意也。此當以「臣治疎」三字爲句，「愈說意而已」五字爲句。「愈」即「愉」字之變體。《說文‧心部》云：「愉，薄也。」段借爲「媮」，俗又作「偷」。《詩‧唐風‧山有樞篇》：「他人是愉。」鄭《箋》云：「愉，讀爲偷。」《周禮‧大司徒》：「以俗教安則民不愉。」《公羊‧桓七年》何注：「則民不愉。」《釋文》云：「『愉』本作『偷』。」是其證也。此「愈」亦當讀爲「偷」。《禮記‧表記》鄭注云：「偷，苟且也。」《史記‧蘇秦傳》云：「臣聞飢人所以飢而不食烏喙者，爲其愈充腹而與餓死同患也。」《戰國策‧燕策》「愈」作「偷」，《淮南子‧人間訓》云：「焚

林而獵，愈多得獸，後必無獸。」《韓非子‧難一篇》「愈」亦作「偷」。《國策》、《淮南》「愈」字之義，與此正同。蓋雷公自言，臣之治疾，為術疎淺，但苟且取說己意而已。王氏失其句讀，而曲為之說，不可通矣。

又斠《管子》尹知章注〈七臣七主第五十二〉：「苴多螣蟇，山多蟲蟊。」注云：蟊即蚤。

仲容案：《詩‧小雅‧大田》云：「去其螟螣。」「螣」即「蟘」之借字。此「蟇」當為「蟘」，即螟之變體。「螣蟘」猶《詩》言「螟螣」也。「蟲」下「蟊」字，當作「蟊」，《說文‧蚰部》云：「蟊，蟊，或从昏。蚊，俗蟊，从虫、从文。」尹氏所見本「蟊」字尚不誤，故注云：「蟊即蚤。」「蚤」即「蚊」之變體，〈輕重丁篇〉作「蟊」。傳寫譌「蟊」為「蟊」，校者疑其與「蟘」複，因復改上「蟘」為「蟇」，不知《說文》「蟇」為「蝦蟇」，字既不當與「螣」并舉，而「蟊」又不得與「蚤」同字，正文與注皆不可通矣。王校又謂「蟲蟊」即「蟲螟」，於義雖可通，而非尹注本之舊。

壞 字

如斠《易林‧蒙之無妄》：「織金未成，緯畫無名。」

張海鵬校云：「金」，《太平御覽》引作「帛」。

翟雲升校本：「金」作「帛」，「畫」作「盡」。

仲容案：「金」、「帛」疑竝「錦」之壞字。「緯畫」者，《楚辭‧離騷》云：「忽緯繣其難遷。」王注云：「緯繣，乖戾也。」《廣雅‧釋訓》云：「敦懂，乖剌也。」「緯畫」與「緯繣」、「敦懂」竝同。

又《呂氏春秋》高誘注〈知度〉：「禹曰：『若何而治青北，化九陽、奇怪之所際。』」

仲容案：「青北」當作「青丠」，「奇怪」當作「奇肱」。〈求人篇〉云：「禹東至鳥谷青丘之鄉。」又云：「南至九陽之山，西至其肱一臂三面之鄉。」。「其」、「奇」字通。《山海經‧海外東經》云：「青丘國在朝陽北。」又《海外西經》云：「奇肱之國在一臂北，其人一臂三目。」「北」即「丠」之壞字。「丠」隸變作「丘」。「肱」，《說文》作「厷」，與「怪」形近故譌。

（2）有關字音者

一聲之轉

如斠《莊子》郭象注〈應帝王第七〉：「執斄之狗來藉。」

> 《釋文》云：斄音來，李音貍。崔云：「旄牛也。」

> 成疏云：狗以執捉狐狸每遭係頸。

> 仲容案：李音、成釋是也。「斄」、「貍」音近字通，即〈逍遙遊篇〉「貍狌」之「貍」，若旄牛至大，豈田犬所能執乎？崔說非是。〈天地篇〉又作「執留之狗成思。」《釋文》云：「留，本又作『貓』。一本作『貍』。司馬云：『貓，竹鼠也。』一云：『執留之狗，謂有能故被留係，成愁思也。』」成本作「貍」。案：彼「留」亦即「貍」也，司馬說及或說竝非。《山海經·南山經》，「其音如留牛」，郭注引《莊子》曰：「執犂之狗」，則晉時本又有作「犂」者。「斄」、「犂」、「貍」、「留」，並一聲之轉，《山海經》借「留」為「犛」，猶此書借「斄」、「留」為「貍」也。

又斠《釋名·釋兵第二十三》：「盾大而平者曰吳魁，本出於吳，為魁帥者所持也。」

> 仲容案：《楚辭·九章·國殤》：「操吳戈兮被犀甲」，王注云：「或云『操吾科』，『吾科』，盾之名也。」案：「魁」、「科」一聲之轉。

聲近字通

如斠《戰國策》高誘注〈趙一〉：「昔者，五國之王，嘗合橫而謀伐趙，參分趙國壞地，著之盤盂，屬之讎柞。」

> 鮑云：「讎柞」、「酬酢」同。言其相屬伐趙於酬酢之閒。

> 仲容案：「屬之讎柞」，義難通。鮑說穿鑿，不足據。以文義推之，疑「讎柞」當讀為「疇籍」。「讎」、「疇」、「柞」、「籍」竝聲近假借字。「讎」從「雔」聲，《說文·雔部》云：「雔，讀若疇。」「籍」，古音同「胙」。

> 《淮南子·氾論訓》：「履天子之籍」，高注云：「『籍』或作『阼』。」「柞」、「胙」、「阼」，聲類同。古典冊篇章或謂之疇。《書·洪範》云：「天乃錫禹洪範九疇。」

> 《漢書·五行志》釋之云：「天迺錫禹大法九章」是也。「著之盤盂，屬之讎柞」，謂五國約誓之言，書之彝器與冊籍也。

又斠《晏子春秋·外篇·不合經術者第八》〈仲尼見景公景公欲封之晏子以為不可第一〉：「立命而建事，不可守職。」

孫星衍云：《墨子》作「怠事」是，《非儒篇》。言恃命而怠於事也。「建」或「逮」譌，「逮」亦為「怠」，假音與？

仲容案：孫說未塙。「建」與「券」聲近字通。「建事」，謂厭倦於事也。《考工記‧輈人》云：「左不楗。」杜子春云：「書『楗』或作『券』。」鄭康成云：「『券』，今『倦』字也。」《墨子‧號令篇》云：「慎無厭建。」「厭建」，即厭倦也。

音近字通

如斠《越絕書‧荊平王內傳第二》：「與子期甫蘆之碕。」

錢培名校云：《吳越春秋》作「與子期乎蘆之漪」。

仲容案：「甫」與「夫」音近字通。

又斠《鹽鐵論‧散不足第二十九》：「堊憂壁飾。」

盧校改「憂」作「㿞」，云：「即『獶』字，訛作『憂』，『壁』，疑『璧』。」

仲容案：「憂」疑當為「黝」，聲之誤也。《周禮‧守祧》云：「其祧，則守祧黝堊之。」鄭司農注云：「黝，讀為幽。幽，黑也。」《穀梁》莊二十三年《傳》云：「天子諸侯黝堊。」「黝」、「幽」與「憂」音近，故譌。盧以為「㿞」形之誤，未塙。「壁」字疑亦不誤。

形聲相近而誤

如斠《論衡‧明雩篇》：「導才低仰，欲求稗也。」

仲容案：此文難通，疑當作「導米低仰，欲求粺也」。《後漢書‧和熹鄧皇后紀》李注云：「導官，主導擇米，以供祭祀。」謂導擇米粟，簸揚低仰之，所以去粗糲，求精粺也，《說文‧米部》云：「粺，毇也。」《九章算術‧粟米篇》云：「糲米三十，粺米二十七。」「米」「才」、「粺」「稗」，形聲相近而誤。

又如斠《鶡冠子》陸佃注〈王鈇第九〉：「少則同儕，長則同友，游敖同品，祭祀同福，死生同愛，禍災同憂，居處同樂，行作同和，弔賀同雜，哭泣同哀，驩欣足以相助，僓諜足以相止，安平相馴，軍旅相保，夜戰則足以相信，晝戰則足以相配。」

仲容案：此文亦與《管子‧小匡篇》相出入，「晝戰則足以相配」，〈小匡〉作「晝戰其目相見，足以相識」。此「配」疑當作「記」，「記」、「識」義同。「游敖同品」，「品」疑當作「區」，「弔賀同襍」，「襍」

疑當作「集」，竝形聲之誤。

同聲叚借

如斠《呂氏春秋》高誘注〈樂成〉：「魯人鷖誦之曰。」

畢沅云：「鷖」，蓋魯人名。

仲容案：「鷖」當讀爲「緊」。《左傳》僖五年云：「民不易物，惟德緊物。」《詩・洞酌》孔疏引服虔云：「緊，發聲也。」「緊」、「鷖」同聲叚借字。《周禮・巾車》「鷖總」，鄭注云：「故書『鷖』或作『緊』。」是其證。畢說失之。

又如斠《韓非子・八經第四十八》：「外國之置諸吏者，結誅親暱重帑。」

顧廣圻云：藏本無「結」字，今本「結誅」作「誅其」，皆誤。

仲容案：「結」當爲「詰」，同聲通叚字。「外國之置諸吏者」，謂鄰國之爲內臣求官者，戰國時往往有之。「結誅」，謂詰其罪而誅之。

古音同部

如斠《鹽鐵論・險固第五十》：「趙結飛狐、句注、孟門以存荊、代。」

仲容案：「荊」非趙地，疑當作「陘」。《史記・趙世家》：「趙希并將胡、代。趙與之陘。」《集解》徐廣云：「陘者，山絕之名。常山有井陘，中山有苦陘。」《穆天子傳》：「至于鈃山之下。」郭注云：「即井鈃山。」此以「荊」爲「陘」，猶《穆天子傳》以「鈃」爲「陘」。「荊」從「刑」聲，「刑」、「鈃」並從「幵」聲；「陘」從「巠」聲，古音并同部，得相通借也。

又斠《周書》卷一〈糴匡解第五〉：「年饑則勤而不賓，舉祭以薄。」

仲容案：「勤」當讀爲「祈」，即〈大匡篇〉之「祈而不賓」。言但有祈祭，不燕饗賓客也。古「斤」聲、「堇」聲字，同部相通。

聲類同

如斠《論衡・順鼓篇》：「水泉不隆，水爲民害，責於地公。」

仲容案：此引《尚書大傳》語，「不隆」當爲「不降」。二字聲類同，故伏《傳》「降」字多作「隆」。王應麟《王會篇補注》引《大傳》「隆谷玄玉」，鄭注云：「『隆』讀如『龐降』之『降』。」是其證。

又斠《周書・程典解第十二》：「土勸不極美，美不害用。」

仲容案：「土勸」義難通，「勸」當爲「觀」。「土觀」謂土功游觀之

事。〈柔武篇〉云:「土觀幸時」,是其證。「觀」、「勸」聲類同,因而致誤。

（二）定衍挩

（1）涉上文而衍

如斠《說苑・雜言》:「惠子曰:『子居艘楫之閒,則吾不如子。』」

仲容案:此「居」上不當有「子」字,蓋涉上文而衍。

又斠《漢舊儀》卷上:「大夫初拜策,往悉乃心,和裕開賢,俾賢能反本乂民。」

仲容案:前「丞相初拜策」云:「和裕開賢,俾之反本乂民。」此「俾」下「賢」字疑涉上而衍。

（2）涉下文而衍

如斠《山海經・海內經》:「義均是始為巧倕,是始作下民百巧。」

仲容案:「義均」當即「倕」之別名。「是始為巧倕」,「始」字不當有,蓋涉下而衍。上文云,「白馬是為鯀」,文例正同,可證此文之誤。前「西南有巴國」章云:「後照是始為巴人。」注云:「為之始祖。」彼巴為國名,後照為其始祖,故云「始為」。此倕非國名,而云「始為」,於文冗贅矣。

又斠《周髀算經》卷上:「周髀長八尺,夏至之日晷一尺六寸。」

趙爽注云:此數望之從周城之南千里也,而《周官》測景尺有五寸,蓋出周城南千里也。

顧觀光《校勘記》云:神州之土,方五千里,雖差一寸,不出幾地之分,先四和之實,故建王國。

仲容案:「此數望之從周城」,即後榮方告陳子語,趙注引之,明此「尺六寸」之晷,據周城測之也,下不當更有「之南千里也」五字。此誤涉下文「蓋出周城南千里也」而衍。「不出幾地之分」,「幾」當從胡本作「畿」。「先四和之實」,「先」當作「失」。

（3）既衍且誤

如斠《韓非子・初見秦第一》:「乃使其臣張孟談,於是乃潛於行而出。」

仲容案:「潛」下明刻無「於」字,此誤衍也。〈十過篇〉云:張孟談曰:「臣請試潛行而出,見韓、魏之君。」「潛」下亦無「於」字。

《戰國策・秦策一》載此事，亦作「潛行而出」。

又斠《鶡冠子・兵政第十四》：「子獨不見夫閉關乎，立而倚之，則婦人揭之；仆而措之，則不擇性而能舉其中；若操其端，則雖選士不能絕地。關尙一身，而輕重異之者，執使之然也。」

　　仲容案：「身」當爲「耳」，形近而誤。《管子・兵法篇》：「教其耳以號令之數」，《墨子・公孟篇》：「是言有三物焉，子今乃知其一耳」，今本「耳」並誤「身」，與此正同。「關上一耳」，言門關猶一耳。下文云：「若達物生者，五尙一也耳。」「也」字疑衍。與此文例正同。「異之」，「之」字疑衍。

古籍傳寫，衍挩甚夥。先生斠書皆一一甄摘，不使譌誤害眞。惟其每發一疑，必援可信之證據以爲佐，務期放諸全書之文例而皆準，求之百世以後之讀者而無惑。除上列三條外，更有衍文、挩文、挩注、挩句，又有前說衍文實爲非衍、正文既衍又以改注等例，皆各舉一說，用見先生斠讎之大凡。

（4）衍　文

如斠《管子・乘馬第五》：「春曰書比，立夏曰月程，秋曰大稽。」

　　仲容案：此春、秋二時皆不著中節，不宜夏文獨異，「夏」上「立」字疑衍。

此由名詞用法不一，知「立」字必係衍文。

（5）挩　文

如斠《鹽鐵論・險固第五十》：「齊撫阿甄，關滎歷，倚太山，負海河。」

　　仲容案：「滎歷」，疑當作「濮歷」。《戰國策・秦策》云：「王又割濮歷之北屬之燕，斷齊、秦之要，絕楚、魏之背。」「負海河」下有挩文。

（6）挩　句

如斠《韓詩外傳》卷四：「士不信焉又多知，譬之豺狼與，其難以身近也。《周書》曰：爲虎傅翼也，不亦殆乎！」

　　仲容案：《後漢書・翟酺傳》李注引《外傳》云：「無爲虎傅翼，將飛入邑，擇人而食。夫置不肖之人於位，是爲虎傅翼也。」今本「《周書》曰」下，語氣未完，蓋挩「無爲」至「位是」二十二字，當據李引補。「無爲虎傅翼」三句，《逸周書・寤敬篇》文。《法言・淵騫篇》

宋咸注引此書亦有「將飛入邑」二語，疑北宋本尚未挩。

（7）挩 注

如斠《易通卦驗》鄭康成注卷上：「鼓黃鍾之琴，瑟用槐木，瑟長八尺；吹黃鍾之律，閒音以竽補，竽長四尺二寸者。」

仲容案：《玉燭寶典》引作「瑟用槐長八尺一寸。」又引注云：「瑟用槐者，槐棘醜橋，取橑象氣上也。上下代作謂之閒，閒則音聲有空時，空時則補之以吹竽也。」今本全挩。

（8）正文與注全挩

如斠《易通卦驗》鄭康成注卷下：「夫八卦驗常在不亡，以今八月八日不盡八日，候諸卦炁，各以用事時，炁著明而見。」

注云：八月八日，盡八日者，月弦日也。弦者陰炁得正而平，此候炁在地屬陰，故八日弦時用事者，若乾立冬，坎主冬至之謂也。

仲容案：此正文及注皆多挩誤，張氏亦未盡校正。《周禮・馮相氏》疏引「八卦」下有「氣」字，「常在不亡」作「常不在望」，「八月」正作「入月」，注「八月」同。「盡八日」上正有「不」字，皆當據補正。「入月八日」，即每月上弦之日，所謂不在望也，今本「不在」二字誤倒，「望」譌「亡」，「入月八日」譌作「八月八日」，皆不可通。

（9）前說衍文實為非衍

如斠《列仙傳・黃帝》：「至於卒，還葬橋山。山崩，柩空無尸，唯劍舃在焉。」

王照圓校云：《史記・五帝紀》《正義》引無「無尸」二字，此衍。

仲容案：《抱朴子・極言篇》引云：「山陵忽崩，墓空無尸，但劍舃在焉。」葛洪所引，已有「無尸」二字，則今本非衍。

（10）正文既衍又以改注

如斠《穆天子傳》郭璞注卷一：「故天有旹，民□氏響。」

注云：□，音國。

翟云升校云：以上下四字韻語例之，「民□氏響」爲句。「氏」，是也，「是」古通用「氏」。「響」則「饗」之譌也。□音國，不可曉。□

蓋缺文，非字也。「音國」二字即「饗□」之重出者，傳寫滋誤，且誤以爲注耳。

洪頤煊校引孫同元云：注「音國」二字，疑即正文「響國」之誤，「響」與「饗」古通用，「國」誤作「□」，「音」即「饗」字之半耳。

仲容案：如孫說，則與韻不協，殆非也。翟校近是。但此文皆四字句，則「饗」下不當更有缺文，「□」蓋誤衍。注「音國」，疑當作「享同」，蓋郭本「響」正作「饗」，下亦無「□」，故注即以「享」讀「饗」。今本正文既誤衍，并以改注，遂不可通。

（三）糾錯亂

（1）涉上下文而誤

如斠《吳越春秋・吳太伯傳第一》：「古公曰：『君子不以養害害所養。』」

仲容案：此文不可通，當作「君子不以養者害所養」。徐注引《孟子》可證。此「者」字，涉下「害」字而誤。

又斠《賈子新書・匈奴》：「因於要險之所，多爲鑿開，眾而延之。」

仲容案：此蒙上文「關市」而言，「開」，當作「關」。下文云：「關吏卒足以自守」，亦可證。「眾」，疑當爲「聚」之誤。

（2）轉寫致誤

如斠《韓非子・外儲說左第三十三》：「及文公反國，舉兵攻用兌而拔之。」

顧廣圻校云：藏本同。今本「用兌」二字作「原」。按：句有誤。

仲容案：「用」當爲「周」之誤，「兌」讀爲「隧」，謂六遂也。「隧」、「兌」字通。《國語・周語》云：「晉文公既定襄王於郟，王勞之以地，辭，請隧焉。」韋注云：「隧，六隧也。」此文公攻原，即周襄王所賜之地，於王國爲都鄙，不在六遂，而云攻周遂者，蓋戰國時已有文公請六遂之說，展轉傳誤，遂以文公伐原爲攻周之遂地。先秦諸子解經，已不免沿誤，悉心推校，可略得其輓迹。今本作「原」，則明人不知而妄改，不足據也。

又斠《新語・本行第十》：「深授其化以厚終始，治去事以正來世。」

仲容案：此言孔子作《春秋》也。「厚」，當爲「序」，漢隸「序」、「厚」二字形近，漢〈荊州刺史度尚碑〉，「厚」作「庤」，〈三公山碑〉「厚」作「庤」，

竝與「序」相似。故傳寫多互譌。《毛詩序》:「厚人倫」,《釋文》云:「『厚』,本或作『序』。」亦其證也。「序終始」,謂序次十二公之事也。

（3）校者誤改

如斠《荀子》楊倞注〈解蔽第二十一〉:「醉者越百步之溝,以爲蹞步之澮也,俯而出城門,以爲小之閨也。」

注云:閨,小門也。

仲容案:「以爲小之閨也」句,文未足。《淮南子·氾論訓》云:「夫醉者俛入城門,以爲七尺之閨也;超江、淮,以爲尋常之溝也。」似即本此文,此「小之閨」,疑亦當作「七尺之閨」,今本蓋傳寫挩「七尺」二字,而校者以注肊補一「小」字,故與上文不相對也。

又斠《鶡冠子》陸佃注〈博選第一〉:「樂嗟苦咄,則徒隸之人至矣。」

注云:樂則嗟之,苦則咄之。

仲容案:「樂嗟苦咄」,《治要》引作「噫嘻叱」三字,《黃氏日鈔》引作「謳藉誅咄」,王應麟《小學紺珠》引同。似皆有譌。攷此章文與《戰國策·燕策》郭隗說燕昭王語正同,「樂嗟苦咄」彼作「呴藉叱咄」是也。「謳」、「呴」,「藉」、「嗟」,形聲相近,「噫」、「誅」竝傳寫之誤。此書正文及注,皆明人肊竄,并非陸本之舊。明朱養和本載王宇校云:「按舊本闕『樂嗟苦』三字,今補之。」今檢《子彙》本,亦有此三字,不知據何本補也。

（4）正文誤入注中或校補語誤為原注

如斠《山海經·大荒南經》:「南海之外,赤水之西,流沙之東,有獸,左右有首,名曰跳踢。」

郭璞注:出狄名國。

洪頤煊云:《集韻》引「有國曰狄氏」,「名」即「氏」之譌。《訂譌補》

仲容案:洪校是也。「出狄名國」四字當是正文,今本誤錯入注中,洪又援此以釋《大荒東經》之「來風曰狄」,則未塙。彼北方之風,此南海之國,迥不相涉也。

此正文誤錯注中,致後人沿譌誤釋也。

又斠《易稽覽圖》鄭康成注卷上:「推易天地人之元術。」

注云:已上寫出一紙本經,《易緯》無之。此於《三備》上錄出,以廣本耳。

仲容案：此唐人校書所注補。蓋此術及上推天元甲子之術，皆《三備》文也。釋湛然《止觀輔行記弘決》云：孔子有《三備》卜經，上知天文，中知人事，下知地理。《素問・通評虛實論》王冰注云：「形度具《三備經》。」又《調經論》注云：「循三備法，通計身形，以施分寸。」疑亦即指《三備・人事篇》中有人身形法也。又《史記・孔子弟子傳》《正義》引《易中備》，孔子爲商瞿筮，「當有五丈夫子」，亦即《三備》中篇之文。惠棟《易漢學》謂是《辨終備》，非也。《隋書經籍志》有《易三備》三卷，即此書。

此唐人校補語誤爲鄭氏原注，致正文與注釋兩不相應。經先生考訂，此術及上推天元甲子之術，皆《易三備》文也。《易三備》，《隋志》有著錄。

（5）注釋誤入正文

如斠《新論》袁孝政注〈從化第十二〉：「何者？冬之德陰而有寒炎，蕭丘夏之德陽而有霜霰。」

仲容案：此以「寒炎」對「霜霰」，不當有「蕭丘」二字。下文別以「蕭丘寒炎」對「華陽溫泉」，與此不同。疑此二字乃袁注誤入正文者。〈愼隟篇〉云：「魏后曹操泄張繡之鐮」，「曹操」二字亦小注入正文，與此誤同。盧校〈愼隟篇〉以「曹操」爲衍文，不知其爲注也。

又斠《韓非子・外儲說左上第三十二》：「耕者盡巧而正畦陌畦時者，非愛主人也。」

顧廣圻云：今本下「畦」作「疇」。按「時」非此之用，句當衍二字，未詳。

仲容案：「時」當作「垺」。《一切經音義》引《倉頡篇》云：「畦，垺也。」是其證。此「畦」、「垺」二字，蓋舊注之文，傳寫誤輥入正文，遂複衍不可通耳。後文云：「趙主父令工施鉤梯而緣播吾，刻疎人迹其上。」盧校亦以「人迹」二字爲注誤入正文，與此正同。

（6）二文誤合一字或下條錯注上文

如斠《春秋繁露・止雨第七十五》：「以朱絲縈社十周，衣朱衣赤幘，言罷。」

仲容案：「言」當作「三日」二字。下文云：「三日而止。未至三日，天大暉，亦止。」是也。

此二文誤合一字之例。「三日」相接，誤爲「言」字，致原文「言罷」義不可通。

又斠《申鑒‧時事第二》：「日月之災降異，非其舊也。」

　　仲容案：此與本章郡祀之義不相應，當在下條之首，而誤著於此。

　　下云：「天人之應，所由來漸矣。」與此二語，文正相承貫。

此下條之文，誤著上條，致與章旨不符，經仲容甄別違舛而綴錄之也。

（7）形近而誤又倒其文或本爲一條誤分兩章

如斠《鹽鐵論‧散不足第二十九》：「庶人即采木之杠，葉華之櫝。」

　　仲容案：「葉華之櫝」，不知何物，疑「葉華」當作「素桑」。《正字》「素」作「𥝢」，「華」作「𠌶」，二字竝从「𠀐」。「桑」或作「𠭥」，與「葉」字亦相近。蓋「素桑」傳寫或誤作「𠌶𥝢」，又倒其文作「葉華」，遂不可推校耳。下文說車云，「素桑楺」，亦其證也。

此形近而誤又倒其文之例。

又斠《金樓子‧立言篇九下》：「管仲有言：『無翼而飛者聲也，無根而固者情也。』」

　　仲容案：此章與下章「古來文士異世爭驅」云云，當并爲一條，皆《文心雕龍‧指瑕篇》文，劉彥和時代較元帝略前，故此節錄之。

此一條誤分兩章之例。

（8）誤倒誤挩誤衍

如斠《戰國策》高誘注〈秦五〉：「姚賈曰：『太公望，齊之逐夫，朝歌之廢屠，子良之逐臣，棘津之讎不庸。』」

　　注云：「釣魚於棘津，魚不食餌；賣傭作，又不能自售也。」

　　仲容案：此當作「棘津之不讎庸」，故高注云：「賣庸作，不能自售也。」今本「讎不」二字誤倒，與注不相應，當乙正。

此二字誤倒與注不相應之例。

又斠《公孫龍子》謝希深注〈堅白論第五〉：「且猶白以目以火見，而火不見。」

　　仲容案：《墨子‧經說下篇》云：「智以目見，而目以火見，而火不見。」此文亦當作「且猶白以目見，目以火見，而火不見。」今本挩「見目」二字，遂不可通。

此原文誤挩，致義不可通之例。

又如斠《新論》袁孝政注〈妄瑕第二十六〉：「張景陽，郢中之大淫也，而威諸侯。」

　　仲容案：〈利害篇〉云：「淫如景陽」，無「張」字，此誤衍也。景陽，「景」姓，「陽」名。《淮南子・氾論訓》云：「景陽淫酒，被髮而御於婦人，威服諸侯。」高注云：「景陽，楚將。」此即劉氏所本。景陽亦見《戰國策・楚策》、《史記・楚世家》。

此誤衍「張」字，致原文不可索解。先生乃歷引《淮南子》、《戰國策》、《史記》，證景陽其人實景姓陽名，「張」為衍文可知矣。

（四）通句讀

（1）注讀錯誤或有異讀者而正其讀

如斠《荀子》楊倞注〈正名篇第二十二〉：「非而謁楹，有牛馬非馬也。」

　　注云：「非而謁楹有牛」，未詳所出。「馬非馬」，是公孫龍白馬之說也。

　　仲容案：此當以「有牛馬非馬也」為句，謂兼舉牛馬與單舉馬異也。注讀大誤。《墨子・經說下篇》云：「或不非牛，而非牛也可，則或非牛或牛而牛也可，故曰牛馬非牛也未可，牛馬牛也未可，則或可或不可，而曰牛馬牛也未可，亦不可。且牛不二，馬不二，而牛馬二，則牛不非牛，馬不非馬，而牛馬非牛非馬，無難。」即此有牛馬非馬之義。

又斠《老子》王弼河上公注第九章：「功遂、身退，天之道。」「載營魄抱一，能無離乎？」

　　王注云：載猶處也。營魄，人之常居處也，一人之真也。言人能處常居之宅，抱一清神，能常無離乎，則萬物自賓也。

　　河上公注：營魄，魂魄也，人載魂魄之上得以生。

　　仲容案：舊注並以「天之道」斷章，而讀「載營魄抱一」為句，《淮南子・道應訓》及《羣書治要》三十九引「道」下並有「也」字，而章句亦同。《楚辭・遠遊》云：「載營魄而登霞兮。」王注云：「抱我靈魂而上升也。」屈子似即用《老子》語。然則自先秦、西漢至今，釋此書者咸無異讀。惟《冊府元龜》載唐玄宗天寶五載詔云：「頃

改《道德經》『載』字爲『哉』，仍隸屬上句，遂成注解。」郭忠恕《佩觿》則云：「《老子》上卷，改『載』爲『哉』。」注亦引玄宗此詔。檢《道經》三十七章，王本及玄宗注本，竝止第十章有一載字，第二十九章「或培」，河上公本「培」作「載」，易州石本則作「培」，且不在句首，無由隸屬上句，知詔所舉，必非彼「載」字也。則玄宗所改爲「哉」者，即此「載」字，又改屬上章「天之道」爲句。今易州石刻、玄宗《道德經》注仍作「載」，讀亦與舊同者，彼石立於開元二十年，蓋以後別有改定，故特詔宣示。石刻在前，尚沿舊義也。「載」、「哉」古字通。玄宗此讀，雖與古絕異，而審文校義，亦尚可通。天寶後定之注，世無傳帙，開元頒本，雖石刻俱存，而與天寶詔兩不相應。近代畢沅、錢大昕、武億、王昶攷錄御注，咸莫能證驗。今用詔文推校石本，得其樅跡，聊復記之，以存異讀。

（2）原句有捝譌而正其讀

如斠《晏子春秋》〈景公爲履飾以金玉晏子諫第十三〉：「景公爲履。」

仲容案：據下文云「故魯工不知寒溫之節，輕重之量，以害正生」，生、性字同。又云：「令吏拘魯工」，則此當云使魯工爲履，今本蓋有捝文。

又斠《周書・大匡解》第十一：「庶人不獨葬伍有植送往迎來亦如之。」

孔云：「均恤興迎亦如植共送迎亦相救也。」

仲容案：此注譌衍不可句讀，以文義求之，疑當作「均恤相共，送與迎亦如之，亦相救也。」

（3）文句錯簡而正其讀

如斠《商子・境內第十九》：「夫勞爵，其縣過三日有不致士大夫勞爵，能。」

仲容案：「能」當爲「罷」，言罷免其縣令也。此十七字與上下文不相屬，疑當在後文「將軍以不疑致士大夫勞爵」下，而誤錯著於此，「夫勞爵」三字，即冢彼而衍。

又斠《管子》尹知章注〈侈靡第三十五〉：「高子聞之，以告中寢諸子。」

注云：諸侯諸子之居中寢者。

仲容案：自此至「雖有聖人惡用之」，與上下文義不相屬，而與前〈戒

篇〉「桓公外舍，而不鼎饋」章文略同。或即彼文錯簡，複著於此。
「中寢諸子」當從〈戒篇〉作「中婦諸子」。古「寢」字作「寑」，
與「婦」形近，故誤。注曲爲之說，失之。

（4）句義不通者而正其讀

　　如斠《商子・更法第一》：「君曰：『代立不忘社稷，君之道也。錯法務民
主張，臣之行也。」

　　　仲容案：「錯法務民主張」，句義殊不可通。《新序・善謀篇》作「錯
　　　法務明主長」是也，當據校正。《戰國策・趙策》趙武靈王與肥義、
　　　趙造論胡服章，文與此多同。彼云：「王曰：『嗣立不忘先德，君之
　　　道也。錯質務明主長，臣之論也。』」「明」、「長」二字與《新序》
　　　正同，可以互證。

　　又斠《周書・大開解》第二十二：「戒後人其用汝謀維宿不悉日不足。」

　　　朱云：宿，夜悉盡也。

　　　仲容案：此讀「戒後人其用汝謀維宿」句，後〈寤儆篇〉云「咸祗
　　　曰戒，戒維宿」，文例正同。宿，謂謀之早也。「悉」疑當爲「念」，
　　　言不念則日爲之不足也。文「儆云後戒」，「後戒謀念勿擇」，亦即此
　　　意。朱說失之。

（5）前讀錯誤而正其讀

　　如斠《荀子》楊倞注〈非十二子篇第六〉：「成名況乎諸侯，莫不願以爲
臣。」

　　　注云：況，比也，言其所成之名，比況於人，莫與爲偶，故諸侯莫
　　　不願得以爲臣。或曰：「既成名之後，則王者之輔佐也，況諸侯莫不
　　　願得以爲臣乎？未知其賢，則無國能容也。」或曰：「況猶益也，《國
　　　語》驪姬曰：『眾況厚之。』」

　　　俞讀「成名況乎諸侯」爲句，云：「成」與「盛」通。況者，賜也。
　　　言以盛名爲諸侯賜也。

　　　仲容案：俞以「成名」爲「盛名」，又讀以「盛名況乎諸侯」爲句，
　　　竝得其義。而釋「況」爲「賜」，則非也。「況」與「皇」通。《書・
　　　無逸》：「則皇自敬德」，孔《疏》引王肅本「皇」作「況」。又〈秦誓〉：
　　　「我皇多有之」，《公羊》文十二年傳作「而況乎我多有之」。《詩・周

頌·烈文》毛《傳》云：「皇，美也。」《大戴禮記·小辯篇》云：「治政之樂，皇於四海。」此云「成名況乎諸侯」，與〈小辯〉「皇於四海」義正同。《說文·金部》云：「鍠，鐘聲也。」《呂氏春秋·自知篇》云：「鍾況然有音。」「況」即「鍠」之借字。此「況乎」與《呂覽》「況然」文例相近。楊讀既誤，說復迂繆，不可通。〈儒效篇〉亦有此文，義並同。☆

又斠《賈子新書·匈奴》：「飯物故四五盛美戠膌炙，肉具醯醢，方數尺於前。」

盧云：「膌」，字書無之，一本作「睹」，即「豬」字，亦非辭。疑「膌」、「肉」二字爲衍文。

仲容案：「美」當爲「羹」，「膌」當爲「膍」，竝形之誤。後文云：「美朣炙膍者。」此「美」亦「羹」之誤。又云：「飯羹啗膍肴。」俗「炙」字。皆其證也。《說文·肉部》云：「膍，牛百葉也。」《急就篇》云膍臄炙戠各有形。此當讀「羹戠膍炙」爲句，「肉具醯醢」爲句。「肉具」，猶《史記·陳平世家》所云「大牢具」，對粗惡蔬菜之食爲「草具」也。盧校讀「美戠膌炙肉」爲句，又疑「膌」、「肉」爲衍文，竝失之。

（五）補闕遺

（1）補闕文

由上下文義補

如斠《周書》卷一〈度訓解第一〉：「若不□力何以求之」。

仲容案：闕處疑是「竟」字，「竟」與「競」通，詳王念孫《讀書雜志》。故孔訓爲「爭」。下文「楊舉力竟」，孔不復釋，以其義已見於此，足以相明也。下云「力爭則力政」，亦即承此爲文。

又斠《周書》卷二〈商誓解第四十三〉：「予則□劉滅之。」

朱云：闕處疑是「虔」字。

莊本補一「乃」字。

仲容案：下云「予肆劉殷之命」，此處闕文，疑亦當作「肆」。

由注義補

如斠《周書》卷一〈大匡解第十一〉：「積而勿□。」

孔云：雖積賞進有無不隁防之。

仲容案：注義難通，勿下闕文，以注推之，疑當是「防」字。

又斠〈程典解第十二〉：「□備不敬不意多□用寡立親用勝懷遠。」

孔云：「多用」謂振施也。

仲容案：以注推之，「多」下闕文，疑即是「用」字。「不意多用」，言不以多用爲意，下文「用寡」、「用勝」，即蒙「多用」而言。

由他書校補

如斠《周書》卷二《商誓解第四十三》：「□帝之來革紂之□。」

莊改「來」爲「賚」云：賚，賜也。

仲容案：《墨子・非攻下篇》說武王伐紂云：「王既已克殷，成帝之來」，與此正同。此帝上闕文即「成」字，當據補。莊肊補一「敬」字，非是。「來」即「賚」之省，言受帝之賜賚。「革紂之」下疑闕「政」字，莊補「命」字亦通。

又斠《越絕書・外傳・記吳王占夢第十二》：「闔廬□剬子胥之教。」

仲容案：「剬」與「制」同。《史記・五帝本紀》：「依鬼神以制義」，張氏《正義》本「制」作「剬」云：「剬，古制字。」「剬」上闕文，疑是「之」字。

由本文文例文義補

如斠《周書》卷一〈度訓解第一〉：「天生民而制其度度大小以正權輕重以極明本末以立中立中以補損補損以知足□爵以明等極。」

孔注云：極，中也，貴賤之等，尊卑之中也。

仲容案：此當作「權輕重以極明，明本末以立中」，「知足」下當有「知足以□爵」五字。蓋此章文例，每句並首尾相銜接，今本挩「權」、「明」兩重文，又挩「知足以□爵」句，前後遂錯互不相應矣。

此由本文行文之體例以證補闕文。

又斠《周書》卷四〈史記解第六十一〉：「後□弱小。」

朱本□作「鄶」。

仲容案：朱肊補「鄶」字，殊不足據。以文義推之，似言鄶君後嗣孤弱也。

此由本文文義以證朱肊補之非，則知以文義推之，亦爲補闕之一法。

（2）補闕注

如斠《易通卦驗》鄭康成注卷上：「天下人眾亦在家從樂五日，以迎日至

之大禮。」

　　仲容案：《寶典》引「在家」作「家家」。又引注云：「從，猶就也。日旦冬至，君臣俱就大司樂之宮，臨其肆樂，『肆』與『肆』通。祭天，圜丘之樂以爲祭，事莫大此焉，重之也。天下眾人亦家家往者，時宜學樂，此之謂。」今本注全挩，當據補。

又斠注云：「火數七，於冬至之時吹之。冬至，水用事，水數六，六七四十二，竽之長蓋取之。」

　　仲容案：《周禮・笙師》賈疏引鄭注云：「竽管類用竹爲之，形參差象鳥翼。鳥，火禽，火數七，冬至之時吹之。冬，水用事，水數六，六七四十二，竽之長蓋取於此也。」文義較今本完備，當據補正。

此因原注散佚，或文義不備，而由他書校補之。

（3）原爲闕挩寫者不知而誤合

如斠《管子》尹知章注〈地數第七十七〉：「請刈其莞而樹之，吾謹逃其蚤牙。」

　　仲容案：「吾」當爲「五」，下又挩「穀」字。「請刈其莞而樹之五穀」，言芟艸而蓻穀也，傳本挩「穀」字，校者於五下著一□，寫者不審，遂併爲「吾」字矣。

此例於《札迻》中爲數至鮮，謹錄此條，以見先生斠讎古籍之博學詳說爲何如也。類此闕挩，稍不留意，即若雲煙過眼，殆欲追討，已成陳迹，斠書之難由此可知矣！

（六）匡違繆

（1）正《淮南子》高誘注望文生訓之非

如斠《莊子》郭象注〈在宥第十一〉：「禍及止蟲。」

　　《釋文》云：「止蟲」，本亦作「昆蟲」。崔本作「正蟲」。

　　成本亦作「昆蟲」，《疏》云：「昆，朋也，向陽啓蟄。」

　　仲容案：崔本是也。「正」與「貞」通。《墨子・明鬼篇》云：「百獸貞蟲。」又〈非樂篇〉云：「蜚鳥貞蟲。」《淮南子・原道訓》云：「蚑蟯貞蟲。」〈墜形訓〉、〈說山訓〉亦竝有「貞蟲」之文。字又作「征」。《大戴禮記・四代篇》云：「蜚征作。」猶《墨子》云：「蜚鳥貞蟲。」

「征蟲」即謂能行之蟲也。《新語・道基篇》亦有「行蟲走獸」之文。「正」、「貞」皆聲近叚借字，《淮南》高注云：「貞蟲，細腰蜂，蜾蠃之屬，無牝牡之合曰貞。」乃望文生訓，不足據。

（2）斥《鶡冠子》陸佃注不明同聲通叚之理

如斠《鶡冠子》陸佃注〈泰錄第十一〉：「不見形臠，而天下歸美焉。」陸注云：臠，肉也。

仲容案：「形臠」即「形胕」也。《史記・同馬相如傳》〈子虛賦〉：「胊割輪淬」，《集解》引郭璞云：「胊，音臠。」《漢書・司馬相如傳》顏注云：「胊字與臠同。」《呂氏春秋・察今篇》：「嘗一胊肉」，《意林》引作「臠」。「胕」、「胊」聲同，故「形胕」亦謂之「形臠」。陸注失之。

（3）證《莊子》郭象注為郢書燕說

如斠《莊子》郭象注〈天地第十二〉：「若然者，豈兄堯舜之教民，溟涬然弟之哉。」

郭象注：溟涬，甚貴之謂也，不肯多謝堯舜，而推之為兄也。

仲容案：「兄」當讀為「況」，古「況」字多作「兄」，《詩・小雅・桑柔篇》：「倉兄塡兮」，《釋文》云：「『兄』本亦作『況』。」謂比況也。「弟」當爲「夷」，形近而誤。《易・渙》：「匪夷所思」，《釋文》云：「『夷』，荀本作『弟』。」《左》昭十七年《傳》云：「五雉正五工正，利器用，正度量，夷民者也。」杜注云：「夷，平也。」《正義》云：「雉聲近夷。」此云「冥涬然夷之」，「溟涬」，亦平等之義，前〈在宥篇〉云：「大同乎涬溟。」注云：「與物無祭。」《釋文》引司馬彪云：「涬溟，自然氣也。」《論衡・談天篇》云：「溟涬濛澒，氣未分之貌也。」此「溟涬」與彼義略同。郭本譌「夷」爲「弟」，遂釋「兄堯舜」爲推之爲兄，又以「溟涬」爲「甚貴之謂」，殆所謂郢書燕說矣。

（4）明《汲冢周書》孔晁注之未塙

如斠《汲冢周書》卷一〈命訓解第二〉：「曰大命有常，小命曰成。」

孔云：曰成，曰進也。

仲容案：曰成，謂曰計其善惡而降之禍福，與大命有常，終身不易異也。《周禮・宰夫》云：「旬終則令正曰成」，與此事異而義同。《楚辭・九歌》有大司命小司命，即司大命小命之神。《周禮・大宗伯》，天

神司命即大司命，《禮記·祭法》七祀亦有司命，鄭注謂小神居人間，督察三命者，蓋即小司命。孔訓「成」爲「進」，未塙。

（5）指《山海經》郭璞注之失攷

如斠《山海經》郭璞注《大荒西經》：「大荒之中，有神，人面無臂，兩足反屬于頭上，名曰噓。」

郭注云：言噓啼也。

仲容案：「噓」當作「嘘」。下文云：「下地是生嘘」，即承此文而紀其代系也。《海內經》云：「后土生嘘鳴」，「后土」即「下地」也。亦即此神。郭注失之。

（6）駁司馬貞張守節注《史記》並欠精當

如斠《說苑·辨物》：「搦腦髓，束盲莫。」

盧校「盲」改「肓」云：「盲」訛。《史記》作「撲荒爪幕」，此「肓莫」，即「荒幕」。「幕」，膜也。

仲容案：《史記·扁鵲傳》作「搦髓腦，撲荒爪幕。《索隱》云：「荒，膏肓也。」「幕音漠。漠，病也。」《正義》云：「以爪決其闕幕也。」盧校「盲」作「肓」是也。《史記》作「荒」，古字通用。「莫」、「幕」，亦「膜」之借字。《釋名·釋形體》云：「膜，幕也，幕絡一體也。」《素問·痹論篇》云：「衛者，水穀之悍氣也，故循皮膚之中，分肉之間，熏於肓膜，散於胸腹。」王冰注云：「肓膜，謂五藏之間鬲中膜也。」可證此「肓莫」之義。司馬貞、張守節說並未審。

（7）斥顏師古注《急就篇》不得其解而擅改之非

如斠《急就篇》顏師古注第十一章：「裳韋不借爲牧人。」

顏注云：韋，柔皮也。裳韋，以韋爲裳也。

皇本「裳韋」作「尚韋」。

仲容案：此章自「屨舃鞜裒緱紃」以下至章末，多說屨舃之名飾。《鹽鐵論·散不足篇》說屨云：「古者庶人鹿菲草芰，即「屝」字。縮絲尚韋而已。」是古作屨，自有尚韋之制，與此上下文正合。顏不得其說，而改「尚」爲「裳」，釋爲「以韋爲裳」，則不爲屨，與上下文並不相應矣。王校別本「韋」作「幝」，尤誤，當依皇本正之。

（8）責《隋志》著錄將《黃石公記》之一分為二之失攷

如斠《三略》

仲容案：《隋書・經籍志》云：「黃石公《三略》三卷。梁又有《黃
石公記》三卷。」案：《後漢書・臧宮傳》光武詔引《黃石公記》
曰：「柔能制剛，弱能制彊。」馬總《意林》六，今刻本缺此卷，此據
校宋足本。引《黃石公記》云：「與眾好生者靡不成，與眾同惡者靡
不傾。」今本「好生」作「同好」，兩「者」字竝無。文竝見今本〈上略〉。
又云：「四民用虛，國家無儲；四民用足，國家安樂。」文見〈下
略〉。「家」，今本竝作「乃」。是此書即《七錄》之《黃石公記》也，《隋
志》分為二，似失攷。

（9）證尹知章注《管子》之繆釋

如斠《管子》尹知章注〈侈靡第三十五〉：「女子不辯於致諸侯，自吾不
為汙殺之事人，布職不可得而衣。」

尹注云：汙殺言然，人必有所許，疑「汙」。殺染戮者，所以伏遠而
來近。今既為人，雖織不為己用，故有布不得而衣。

仲容案：此乃中婦諸子答語，〈戒篇〉：「中婦諸子曰：『自妾之身不
為人持接也，未嘗得人之布織也。「職」、「織」古通，以此注校之，疑尹
本亦作「布織」。意者更容不審耶。』」此文多譌挩，當以彼文互校。
「汙殺」疑即「持接」之誤。尹釋「汙殺」為「染戮」，殊繆。

（10）明王逸注《楚辭》迂曲不可從

如斠《楚辭》王逸注〈橘頌〉：「淑離不淫，梗其有理兮。」

王注云：淑，善也。梗，強也。言己雖設與橘離別，猶善持己行，
梗然堅強，終不淫惑而失義也。

戴東原云：離如離立，言孤特也。

仲容案：「離」與「麗」通。言橘之章色善麗而不淫邪，又有文理
也。注說迂曲，不可從。戴說亦未允。

（11）駁楊倞注《荀子》增字為訓非荀卿本意。

如斠《荀子》楊倞注〈彊國篇第十六〉：「無僇乎族黨，而抑卑其後世。」
次「其」字臺州本作「乎」。

楊注云：雖無刑戮之恥，而後世亦抑損卑下，無以光榮也。

仲容案：「無傪」二字當平列，與「抑卑」文正相對。《墨子・天志中篇》引〈大誓〉：「無廖傆務」，〈非命上篇〉作「毋僇匪屇」，〈下篇〉作「毋僇其務」。此「無傪」與《墨子》之「毋僇」文相類，疑「無」、「毋」皆「侮」之叚借字。三字音并相近。言侮辱其族黨也。注釋爲「雖無刑戮之恥」，增字爲訓，非荀子意也。

（12）指趙、戴、汪各家注《水經》之沿誤疏略

如斠《水經》酈道元注〈潁水注〉：「渠中又有泉流出焉，時人謂之㟄水，東逕三封山東，東南歷大陵西連山，亦日啓筮亭，啓筮亭神于大陵之上，即鈞臺也。」

仲容案：此文「連山亦日啓筮亭」七字有誤。放《御覽》八十二引《歸藏易》云：「昔夏后氏啓筮亭神於大陵，而上鈞臺枚占，皋陶曰不吉。」《初學記》二十二亦引其略。此文疑當作「《連山易》曰：『啓筮亭神于大陵之上。』」蓋《連山》、《歸藏》兩《易》皆有此文。抑或本出《歸藏》，酈氏誤憶爲《連山》，皆未可知。今本「連山亦」，「亦」即「易」之誤。「易」、「亦」音相近。「啓筮亭」三字，又涉下「啓筮享」三字而衍。「亭」、「享」形相近。文字傳譌，搆虛成實，遂若此地自有山名「連」，亭名「啓筮」者，不知酈意但引《連山易》以釋大陵耳，安得陵之外別有山與亭乎。徧檢唐宋輿地諸書，皆不云陽翟有陽山啓筮亭者。此文譌互顯然，而趙、戴諸家咸沿襲莫悟。近汪士鐸《水經注圖》，亦以陽山啓筮亭列於圖，何其疏乎？

（13）指鮑彪注《戰國策》未得其義

如斠《戰國策・魏二》：「請弛期更日。」又云：「因弛期而更爲日。」

鮑云：弛，解也。昔約今解。

仲容案：「弛」當訓爲易。「弛期」猶云改易葬期。《韓非子・內儲說上篇》云：「應侯謂秦王曰：『上黨之安樂，其處甚劇，臣恐弛而不聽，奈何。』王曰：『必弛易之矣。』此下文云：「因弛期而更爲日」，又云：「敬弛期而更擇日」，是「弛」者，易故；「期更」者，更擇新日也。鮑訓「弛」爲「解」，未得其義。

（14）駁議趙懷玉校《韓詩外傳》之尚未的當

如斠《韓詩外傳》卷九：「楚有善相人者，所言無遺美。」

趙校云：《呂氏春秋·貴當篇》、《新序·襍事》五，「美」皆作「策」。

仲容案：「美」當作「筴」，與「策」字同。漢隸「策」字多作「筴」，

見漢〈北海相景君銘〉、〈郎令景君闕銘〉、〈馮煥殘碑〉、〈靈臺碑〉，與「美」

形近而誤。

（15）斥盧文弨校《風俗通義》誤信類書

如斠《風俗通義·正失第二》：「燕太子丹，天爲雨粟，烏白頭，馬生角，

廚人生害足。」

盧校作「廚中杵生肉」云：據《御覽》七百六十二改正。《御覽》

下有「是數然也」四字，疑衍。

仲容案：盧校大誤。此當作「廚中木象生肉足」。《御覽》惟「中」、

「肉」二字足正今本之誤。《干祿字書》：「『肉』俗作『宍』，與『害』形近。」

「是」即「足」之誤，「數然也」三字衍。《論衡·感虛篇》載秦王

誓云：「使日再中，天雨粟，烏白頭，馬生角，廚中木象生肉足，

乃得歸。〈是應篇〉亦云：「廚門象生肉足。」《史記·刺客傳》《索隱》云：「《風

俗通》、《論衡》皆云：『廄門木烏生肉足。』」「烏」蓋「烏」之誤，「烏」俗「象」

字，「廚」作「廄」，亦譌。與仲遠所說正同。「木象」即刻木爲象人。《論

衡·謝短篇》云：「使立桃象人於門戶。」《莊子·田子方篇》成玄英《疏》云：

「象人，木偶土梗人也。」象人以木爲足，今故誓使生肉足也。《御覽》

作「杵生肉」，則不可通，盧从之，僄矣。

（16）訂翟雲升校《易林》之繆釋而丁晏沿誤

如斠《易林·井之遯》：「踟躕南北，誤入喪國。杜季利兵，傷我心腹。」

翟云：此言周宣王也。「誤入喪國」，謂喪南國之師，見《周語》。《墨

子·明鬼》：「周宣王殺杜伯而不辜，宣王田於圃，杜伯追王，射之，

中心而死。」

丁云：《太平御覽》蜘蛛引《易林》：「蜘蛛南北巡行罔罟」。「傷我

心腹」作「傷我心旅」。《說文》「呂，脊骨也。」篆「呂」作「膂」。

「旅」即「膂」之省文。

仲容案：此章《御覽》引入〈蟲豸部〉，則「踟躕」爲「蜘蛛」之

譌，明矣。今本文義全非。「杜季利兵」者，《廣雅·釋蜀》雞屬有

「杜艾季蜀」，蓋古良雞之名，詳王引之〈釋蜀疏證〉。此「杜季」即

指「杜艾季蜀」,「利兵」謂鷄之利喙有如兵刄。大意言蜘蛛巡行,欲作罔罟,而爲鷄所啄,傷心膂而死耳。翟氏不悟,以周宣王杜伯事曲爲傅合,踳繆殊甚。丁既據《御覽》校此,而復兼采翟說,疏矣。

(17)因籀書不先諟正文字致考古韻者遂滋異端

如斠《楚辭》王逸注〈離騷經第一〉:「曰勉陞降以上下兮,求榘矱之所同。」

王注云:言當自勉強,上求明君,下索賢臣,與己合法度者,因與同志,共爲治也。又〈七諫·謬諫〉云:「不量鑿而正枘兮,恐榘矱之不同。」

洪興祖校云:「同」,一作「周」。

仲容案:此「同」竝當作「周」,與下「調」協韻。「同」、「周」形近,上文云:「何方圜之能周兮。」注云:「言何所有圜鑿受方枘而能合者。」洪校亦云:「『周』,一作『同』。」以彼及《七諫》別本證之,知此「同」亦當作「周」也。《淮南子·氾論訓》云:「有本主於中,而以知榘矱之所周者也。」淮南王嘗爲《離騷傳》,〈氾論〉所云,必本此文,然則西漢本固作「周」矣。上文「雖不周於今之人兮」,注云:「周,合也。」此注似亦以合法度釋「周」字,與上注同,疑王本自作「周」,今本涉注「同志」之文而誤耳。自今本誤作「同」,而與調「韻」不協,攷古音者遂滋異論。江永《古韻標準》以爲古人相效之誤,戴本《音義》同。段玉裁《六書音均表》,則以爲古音三部與九部之合韻。俞正燮《癸巳類稿》又以爲雙聲爲韻,殆皆未究其本矣。

(18)證畢沅疏《釋名》之繆兼明劉熙之言皆有出處

如斠《釋名·釋道第六》:「步所用道曰蹊,蹊,傒也。言射疾則用之,故還傒於正道也。」

畢氏《疏證》云:射疾者,射侯也。「侯」與「疾」形相似。〈大射儀〉:「司馬命量人量侯道與所設乏,以貍步。」即此所云「步所用道」也。

仲容案:畢說大繆。《周禮·秋官·野廬氏》:「禁野之橫行徑踰者。」鄭注云:「徑踰,射邪趨疾越渠隄也。」此云「射疾」,即所謂「射

邪趨疾」，蓋蹊非常行之涂，惟趨射急疾乃用之耳。云步所用者，
亦明陜院不容牛馬也。

（19）指俞曲園校《管子》之不得真讀

如斠《管子》尹知章注〈形勢第二〉：「生棟覆屋，怨怒不及。」

俞校云：「生」當讀為「笙」。《方言》：「笙，細也。自關而西，秦、
晉之間，凡細貌謂之笙。」

仲容案：「生」，謂材尚新，未乾臘也。《韓非子・外儲說左》云：「虞
卿為屋，謂匠人曰：『屋太尊。』匠人對曰：『此新屋也，塗濡而椽
生。』」《呂氏春秋・別類篇》云：「高陽應將為室，家匠對曰：『未
可也，木尚生，加塗其上，必將撓。』」此「生棟」與《韓》、《呂》
二書義同。俞讀「生」為「笙」，未塙。

（20）駁安井衡斷句之非是

如斠《管子》尹知章注〈地員第五十八〉：「其種大葦無，細葦無。」

仲容案：此篇凡言其種者，皆穀名，不當有葦，疑「葦無」當作「萊
亡」，「亡」即「芒」之省，謂芒穀也。《周禮・稻人》云：「澤草所
生，種之芒種。」鄭司農注云：「芒種，稻麥也。」《說文・麥部》
云：「麥，芒穀。」又〈來部〉云：「周所受瑞麥來麰，一來二縫，
象芒束之形。」《爾雅・釋草》云：「萊，刺蔆，亡」，猶許云「芒束」
也。或云：當作「萊無」，即「來麰」也。「萊」、「來」字通，與「葦」
形近。「麰」、「無」一聲之轉，亦通。安井衡讀「無細葦」為句，次
「無」字又屬下「秸莖白秀」為句，乖繆殊甚。戴校從之，疏矣。

（21）斥嚴萬里校《商子》專輒改竄本文之不足據

如斠《商子・來民第十五》：「且非直虛言之謂也，不然。夫實曠土，出
天寶。」

嚴云：一切舊本竝作「且直言之謂也，不然。夫實壙什虛，出天寶。」
今案文誼，移「虛」於「言」上，增「非」字，改「曠土」字。

仲容案：此文舊本固多舛互，然嚴校亦不塙。「實壙什虛」當作「實
壙虛」。《呂氏春秋・貴卒篇》云：「於是令貴人往實廣虛之地。」
此「實壙虛」與《呂覽》「實廣虛」義同。嚴專輒改竄，不可據。《漢
書・晁錯傳》云：「徙遠方以實廣虛」。

（七）考事實

先生斠書既於誤字、衍捝、誤倒、句讀、闕遺、違繆加以匡正矣，而於史事之考徵，篇目之訂定，佚文之蒐討，著述之眞僞等，無不尋源索流，揭厥根柢也。茲擇其書中較備者若干條，錄之於後，以見仲容之精研覃思，非徒以博考爬梳之功炫人。而此種考訂，固屬斷簡零縑，非系統之作，但於治斠讎目錄學者，甚有參考價值。是以本人不吝篇幅，詳加甄錄。

（1）由揚子雲《方言》可考漢時矢鏃之制

如斠《方言》郭璞注卷九：「凡箭鏃胡合嬴者，四鐮，或曰拘腸，三鐮者謂之羊頭，其廣長而薄鐮謂之錍，或謂之鈀。」

郭注云：胡鏑在於喉下。嬴，邊也，鐮，棱也。

仲容案：漢時矢鏃蓋有兩制：一則爲薄匕，而以鐵爲鋌，以入稾，此《考工·矢人》、〈冶氏〉舊制也。《左》昭二十六年《傳》：「齊子淵捷從洩聲子，射之中楯瓦，繇胸汏輈，匕入者三寸。」杜注曰：「匕，矢鏃也。」此古矢鏃皆爲匕之證。一則爲豐本，或三鐮，或四鐮，而爲骹以冒稾。此後世之別制也。此云「胡合嬴者」，「胡」即「喉」也，與《考工·冶氏》戈戟之胡，制異而義略同。蓋即豐本之漸殺者，故郭云：「鏑在喉下」。「嬴」，郭訓爲「邊」，實當兼有包裹之義。《淮南子·脩務訓》高注云：「嬴，裹也。」「嬴」、「嬴」通。謂鏃之本空中而合裹其邊，其外則四鐮正方者謂之拘腸，三鐮斜角者謂之羊頭，此皆豐本之鏃也。豐本之鏃，當亦有爲鋌以入稾者，其制與古尚不相遠，或無別名耳。錍與鈀廣長而薄，則即古薄匕之鏃也。《爾雅·釋器》云：「金鏃箭羽謂之鏃。」郭注云：「今之錍箭是也。」蓋古矢鏃必爲薄匕，景純固知之矣。錍即薄刃之名，《戰國策·趙策》趙奢說劍云：「無脾之薄，而刃不斷。」彼「脾」即「錍」之借字。矢匕與劍刃制相類，故其名亦同。此條足考漢時矢鏃之制。矢本有爲骹以冒稾者，說亦詳後《釋名》。

（2）考揚子雲著《方言》始末

如揚雄《答劉歆書》：「二十七歲于今矣。」

盧校云：案雄年四十餘游京師，見〈雄傳〉贊。其上〈甘泉賦〉，當在成帝元延二年，《古文苑》注云：「計雄此時，年近七十。」蓋在天鳳三四年間。

仲容案：此約戴說也。戴謂劉歆遺書求方言，當在天鳳三四年之間。以情事推之，似不甚塙，竊疑此「二十七歲」當作「一十七歲」。攷《漢書・百官公卿表》，成帝陽朔三年九月，御史大夫王音爲大司馬車騎將軍。本傳云：「初，雄年四十餘，自蜀來至游京師，大司馬車騎將軍奇其文雅，召以爲門下史，薦雄待詔，歲餘，奏〈羽獵賦〉，除爲郎，給事黃門。」雄自蜀至京師，爲王音門下史，當即在陽朔三年，時雄三十二歲。據傳云「天鳳五年卒，年七十一」逆推之。《文選・王文憲集序》，李注引《七略》亦云，子雲家牒言以甘露元年生也。傳云「年四十餘」者，四十亦三十之誤也。其「薦雄待詔」自是楊莊。本傳云：「客有薦雄文如相如者。」即指莊言之。〈贊〉偶疏略，遂似王音所薦，則誤也。其奏〈甘泉〉、〈羽獵賦〉，除郎，亦自在元延二年。戴據本傳及〈成紀〉攷之如是。蓋子雲留京師已十二年矣。此書云：「天下上計孝廉及内郡衛卒會者，雄常把三寸弱翰，齎油素四尺，以問其異語，歸即以鉛摘次之於槧。」蓋始至京師時，即事鉛槧，非自爲郎歲始也。自陽朔三年後十七年，爲哀帝建平元年。〈劉歆傳〉：「哀帝即位，大司馬王莽舉歆宗室有材行，爲侍中太中大夫，遷騎都尉、奉車光祿大夫，貴幸。復領五經，卒父前業。歆乃集六藝群書，種別爲《七略》。」歆求方言，當在彼時，上距雄初至京師正十有七歲也。宋本劉書首云：「漢成帝時，劉子駿與雄書，從取方言。」「成」當作「哀」。劉、楊兩書竝有孝成皇帝之文，宋本之誤，固無可疑，而戴、盧必欲傅合二十七年之文，謂在王莽時，則仍誤耳。據歆書云：「願頗與其最目，使得入錄。」雄答書云：「典流於昆嗣，言列於漢籍。」錄、籍並指《七略》言之。若如戴說，則時王莽篡漢已久，何得頌言冀得漢籍以觸忌諱乎。且是時歆方爲太中大夫，與中郎同屬光祿勳，故得受詔宓郎中田儀事。又本傳「歆以建平元年改名秀」，此書正在是年，蓋在未改名前數月，故尚題舊名。若天鳳三四年，則改名久矣。歆所校《山海經》，題建平元年四月上，卷中已稱「臣秀」，儻此書作於莽世，安得更署歆名乎？即此數耑，亦足以明之。

（3）詳攷吳越國界

如斠《越絕書・外傳・記越地傳第十》：「大越故界，浙江至就李，南姑末、寫干、觀縣，北有武原。武原今海鹽，姑末今大末，寫干今屬豫章。」

仲容案：王象之《與地紀勝・紹興府》引《越絕》云：「大越故界，
浙江至檇李，南姑末、寫干，里覬鄉，北有武原。」較今本多一「里」
字。蓋此書元文當云：「西至就李，南姑末、寫干，東覬鄉，北有武
原。」《紀勝》「里」即「東」字之誤。攷《國語・越語》及《吳越
春秋・句踐歸國外傳》，並載越地界所至，〈越語〉云：「南至于句無，
北至于禦兒，東至于鄞，西至于姑蔑。」《吳越春秋》云：「東至于
句甬，西至于檇李，南至于姑末，北至于平原。」二書所述與此大
較相同。參互校覈，「就李」即「檇李」，亦即「禦兒」。亦名「語兒鄉」，
見《越絕・記地篇》。「姑末」即「姑蔑」，「鄞鄉」即「鄞」，竝聲近字通，
亦即「句甬」，〈吳語〉作「甬句東」。韋注云：「甬句東即今句章，東海口外洲
也。案即今定海翁洲，吳時別屬句章，春秋時當亦爲鄞鄉地。」「武原」即「平
原」。惟〈越語〉有「句無」而無「寫干」、「武原」，《吳越春秋》有
「平原」而無「句無」、「寫干」，《越絕》有「寫干」、「武原」而無
「句無」，爲小異耳。

（4）考《老子》書之成因、著錄以及篇目之分合

如斠《老子》王弼注

仲容案：《老子》上下篇，八十一章，分題《道經》、《德經》，河上
公本、《經典釋文》所載王注本、《道藏》唐傳奕校本、石刻唐玄宗
注本竝同。《弘明集・牟子理惑論》云：「所理止於三十七條，兼法
老氏《道經》三十七篇。」則漢時此書已分道、德二經。其《道經》
三十七章，《德經》四十四章，亦與今本正同。今所傳王注出於宋晁
說之所校，不分道、德二經，於義雖通，然非漢唐故書之舊。

此考《老子》一書於漢時已分道、德二經，今本合而不分，於義雖通，
然非漢唐故書之舊也。

又斠《賈子新書》

盧校云：《漢書・藝文志・儒家》載《賈誼》五十八篇；《隋書・經
籍志》載《賈子》十卷，《錄》一卷；《舊唐書・志》則云九卷，其
稱《賈子》則同；《新唐書・志》始稱《賈誼新書》，其卷則十。

仲容案：馬總《意林》二引此書，題《賈誼新書》八卷，高似孫《子
略》載庾仲容《子鈔目》同，惟八卷作九卷。則梁時已稱《新書》，不
自《新唐志》始也。「新書」者，蓋劉向奏書時所題，凡未校者爲故

書，已校定可繕寫者為新書。楊倞注《荀子》末載舊本目錄，劉向《敍錄》前題「《荀卿新書》十二卷三十二篇」，殷敬順《列子釋文》，亦載舊題云「《列子新書目錄》」。宋本劉《敍》前無此目，非唐本之舊。《釋文》又云：「此是劉向取二十篇除合而成，都名新書焉。」案殷氏所釋，最為審塙。又引劉向上《管子》奏，稱《管子新書目錄》。宋本《管子》亦無此題。足證諸子古本舊題大氐如是。《意林》又載「《晁錯新書》三卷」，《隋書・經籍志》引梁《七錄》作《朝氏新書》。「朝」、「晁」字通。若然，此書隋唐本當題「賈子新書」。《隋、唐志》著錄稱《賈子》者，省文。蓋「新書」本非賈書之專名，宋元以後，諸子舊題刪易殆盡，惟賈子尚存此二字。讀者不審，遂以「新書」專屬之賈子，校槧者又去「賈子」而但稱「新書」，展轉譌省，忘其本始，殆不可為典要。盧校載宋淳祐八年潭州刊本止題《賈子》，雖非隋、唐本之舊，然猶愈於止題「新書」之不辨某氏書也。盧校頗為精審，而亦沿茲題，何也？

此攷《賈子新書》之命名，乃劉向校書所題，非新書專屬之賈子也。隋唐以後著錄之書，或曰《賈子》，或云《新書》，展轉譌省，忘其本始。尤以盧氏校書亦沿誤題耑，不辨某氏，故辭而闢之，兼明《賈子新書》命名之所由來也。

又如斠《孫子》曹操注。

仲容案：《漢書・藝文志》兵權謀家《吳孫子兵法》八十一篇，《圖》九卷，《史記》：「孫武以兵法見於吳王闔閭。闔閭曰：『子之十三篇，吾盡觀之矣。』」與今本同。畢以珣《孫子敍錄》謂「十三篇在八十一篇內」，是也。《呂氏春秋・上德篇》高注云：「孫武，吳王闔閭之將也。兵法五千言」是也。今宋本曹注《孫子》凡五千九百一十三字，高蓋舉成數言之。

此攷《孫子兵法》之篇數字數及其著錄，為治兵謀之學者所取資焉。

再如斠《列仙傳》讚曰：「余嘗得秦大夫阮倉撰《仙圖》，自六代迄今，有七百餘人。」

仲容案：《世說新語・文學篇》劉峻注引〈列仙傳贊〉云：「歷觀百家之中，以相檢驗，得仙者百四十六人，其七十四人已在佛經，故撰得七十，可以多聞博識者遐觀焉。」釋法琳《破邪論》亦引《傳》云：「吾搜檢藏書，緬尋太史，創撰《列仙圖》，自黃帝以下六代迄

到于今，得仙道者七百餘人，向檢虛實，定得一百四十六人。」又云：「其七十四人，已見佛經矣。」《玉燭寶典》云：「漢武帝時劉向刪《列仙傳》，得百四十六人，其七十四人已見佛經，餘七十二爲《列仙傳》。」《顏氏家訓‧書證篇》亦云：「《列仙傳》，劉向所撰，而〈贊〉云七十四人出佛經，文並與今本大異。」據顏之推及法琳說，則此「讚曰」以下，舊本亦題劉向撰。王〈敘〉據《隋書‧經籍志》定爲晉郭元祖撰，未塙。

此證《列仙傳》之作者，歷引釋法琳與顏之推說，定爲劉向撰，《隋志》以爲晉郭元祖著，未塙。

至如斠《汲冢周書》，於各篇篇旨、命名以及內容要略，攷定甚詳。茲錄卷一各目，以示一斑。

〈度訓解〉第一

　　仲容案：「度訓」，訓釋度字之義也。《漢書‧藝文志》道家有《周訓》十四篇，此與下〈命訓〉〈常訓〉三篇，義恉與道家亦略相近。此書如〈官人〉、〈職方〉諸篇，多摭取古經典，此三篇或即《周訓》遺文僅存者。後又有〈時訓篇〉，然彼篇文例，與此三篇微異，與道家恉亦無會，故不數。

〈命訓解〉第二

　　仲容案：高似孫《史略》作「命順」。

〈常訓解〉第三

　　仲容案：《史略》「訓」亦作「順」。

〈允文解〉第七

　　仲容案：《商子‧來民篇》云：「以〈大武〉搖其本，以〈廣文〉安其嗣。」〈大武〉即此後第八篇，則〈廣文〉亦必此書篇名，而今本無之，竊疑即此篇也。「允」當作「光」，「光」與「廣」聲近，古多通用。此篇所言皆克敵後綏輯之事，故《商子》曰「安其嗣」。後人以篇中「允」字襲見，而敘文又有「大聖允兼」之語，遂改「光」爲「允」，抑或作敘時，篇目已誤作「允」，因而牽傅其義，未可知也。

〈大武解〉第八

　　仲容案：此與前〈武稱〉、〈允文〉及後〈大、小明武〉諸篇，蓋皆

《周書‧陰符》之遺文，《商子‧來民篇》云：「天下有不服之國，則王以此春圍其農，夏食其食，秋取其刈，冬陳其寶。」此四句亦見本篇，「圍」作「違」，「陳寶」作「凍葆」，皆足正今本《商子》之誤。以〈大武〉搖其本，以〈廣文〉安其嗣」，即此書也。蓋戰國策士，習以此為揣摩之冊，故商鞅、蘇秦、黃歇等皆能誦述矣。

〈秦陰解〉第十四　亡

仲容案：《史略》「秦」作「泰」，此篇敘已闕，「秦陰」、「泰陰」皆不知何義。攷《墨子‧兼愛篇》云：「昔者武王將事泰山隧，《傳》云：『泰山有道，曾孫周王有事，大事既獲，仁人尚作，以祗商夏，蠻夷醜貉，雖有周親，不若仁人，萬方有罪，維予一人。』」其文與《周書》相類。《墨子》多引《周書》，此篇或即記「有事泰山隧」之事乎！

〈九開解〉第十六　亡

仲容案：《史略》「開」作「聞」，後〈大開篇〉亦有九開之語。

〈八繁解〉第二十　亡

仲容案：《史略》「繁」作「繫」，與敘不合，蓋誤。

〈大開武解〉第二十七

仲容案：《史略》作〈大武開〉，下篇亦作〈小武開〉。則高所據本，兩「開」字並在「武」下，以文義校之，高本是也。〈序〉云：「武王忌商，周公勤天下，作〈大、小開武〉二篇。」亦當作〈大、小武開〉，因篇名誤到，校者并以攷序耳。是此二篇皆武王開告周公之言，此書凡以「開」名篇者，并取詔告開發之義，〈皇門篇〉云：維其開告于予嘉德之說。故以「武開」名篇，而以大小分題，且以別前〈大開〉〈小開〉二篇，為文王之言也。〈序〉云：「文啓謀乎後嗣，以脩身敬戒，作〈大開〉〈小開〉二篇。」又前文王之書，謂之〈文開〉，此篇今佚，〈序〉云：「文王卿士謐發教禁戒作〈文開〉」，可推其義。後成王之書，謂之〈成開〉。〈序〉云：「成王元年，周公忌商之孽訓敬命作〈成開〉。」諸篇名義並同，可以互證。前〈大明武〉、〈小明武〉二篇，皆論武事，非武王書也，與此二篇不同，不足取證。

〈小開武解〉第二十八

仲容案：當從《史略》作〈小武開〉，詳前。

〈酆謀解〉第三十

　　仲容案：《史略》作「酆講」，當作「酆諜」，詳後。

　　更生案：先生於本篇「維王三祀，王在酆，謀言告聞」下證「謀」爲「諜」之誤，此其所謂「詳後」者也。今錄於次。

　　　「三祀」，《史略》作「二祀」，正文「謀」字，實當作「諜」。「諜」旁「世」字，唐人避諱作「廿」，與「謀」相似，古書多互誤。《漢書·藝文志》：「《大歲諜日晷》二十九卷」，今本「諜」亦誤「謀」。與下文諸「謀」字不同。宋本作「講」雖誤，然篇中諸「謀」字，皆不作「講」，唯此字獨爲錯異，即其蹤迹之未泯者也。注當作「知敵情伺人閒人曰諜。」《說文·言部》云：「諜，軍中反閒也。」孔義正與許合。若如今本作「謀」，則義甚易解，不煩如是詁釋矣。以情事求之，蓋紂微聞周謀，乃陰使諜閒之，而諜轉以紂情告周，故云「諜言告聞」。下文云：「諜言多信」，《史略》正作「諜言」，商諜來告之，言多可信也。通篇「謀」字甚多，惟此二「謀」字當作「諜」，自傳寫「諜」譌作「講」，淺人不解，遂妄改爲「謀」，并下文及注諸「諜」字而亦改之，不知其文義之必不可通也。盧校知注之有誤，而以肊刪改其文，使略可通，遂莫能得其譌互之迹，甚矣！校書之難也。

〈寤儆解〉第三十一

　　盧云：舊本皆作「寤敬」，「敬」亦與「儆」通。

　　仲容案：《史略》作「敬」，則宋本與舊本同。

　　綜研先生於《汲冢周書》卷一各篇之考訂，頗爲精審，尤多前人未發之言。尤以〈酆謀解〉第三十，以爲「謀」當作「諜」，係唐人避太宗諱改誤，說甚塙鑿。其解篇中「諜言多信」之句，證通篇「謀」字甚多，惟此二「諜」字當作「諜」，案：另一「謀」字即「淮王三祀，王在酆，謀言告聞。」引據可靠，真日月不刊之論也。

（5）辨古籍之真偽

　　如斠《西京雜記》〈葛洪序〉：「洪家復有《漢武帝禁中起居注》一卷，《漢武故事》一卷，世人希有之者，今并五卷爲一帙，庶免淪沒焉。」

　　　仲容案：此書確爲稚川所假託。《漢武帝禁中起居注》、《漢武故事》蓋亦同。故〈序〉并及之。《抱朴子·論仙篇》引《漢禁中起居注》，

說李少君事，與今本《漢武帝內傳》末附《李少君傳》略同。《道藏》
本作「外傳」，此從晁載之《續談助》校。張東之《洞冥記》跋云：「昔葛
洪造《漢武內傳》，《西京雜記》今本《洞冥記》無，此跋亦見《續談助》。
疑《內傳》及《起居注》，後改題今名。」《漢武故事》似亦即今所
傳本，蓋諸書皆出稚川手，故文亦互相出入也」。張東之以《漢武故事》
爲王儉造，未知是否。

又斠《漢武帝內傳》：「至四月戊辰，帝夜閒居承華殿，東方朔、董仲舒
侍。」

錢熙祚校云：《續談助》「舒」作「君」。

仲容案：晁引是也。董仲君即後附錄《李少君傳》之議郎董仲。此
書雖僞妄，亦依附史事爲之。《漢書·仲舒傳》不云其嘗爲議郎，則
此非江都審矣。《抱朴子·論仙篇》引董仲舒《李少君家錄》，亦董
仲君之誤。《廣弘明集》引桓譚《新論》，述方士董仲君事，即此。

以上辨《西京雜記》、《漢武帝內傳》，皆葛洪一手僞託，並據《抱朴子·
論仙篇》葛氏自引，與晁載之《續談助》、張東之《洞冥記》跋，參以《漢書·
董仲舒傳》，以及二書內容之相互出入，且言及內典之事甚多，因疑出稚川手。
惟書固僞妄，亦依附史事而成，自有研考之價值。

又如斠《孫子》曹操注《作戰》第二：「孫子曰：『凡用兵之法，馳車千
駟，革車千乘，帶甲十萬。』」

曹注：馳車，輕車也，駕駟馬。革車，重車也。此宋元豐監本，乃唐以
後刪定之本，注文簡略不完。

吉天保《集注》引曹注云：「馳車，輕車也，駕駟馬。革車，重車也，
言萬騎之重也。一車駕四馬，卒十騎，一重。養二人主炊，家子二
人，主保固守衣裝，廄二人，主養馬，凡五人，步兵十人。重以大
車駕牛，養二人主炊，家子一人，主守衣裝，凡三人也。帶甲十萬，
士卒數也。」又杜牧云：「《司馬法》曰：『一車甲士三人，步卒七十
二人，炊家子十人，固守衣裝五人，廄養五人，樵汲五人。輕車七
十五人，重車二十五人，故二乘兼一百人爲一隊。』」又張預云：「《曹
公新書》云：『攻車一乘，前距一隊，左右角二隊，共七十五人。守
車一乘，炊子十人，守裝五人，廄養五人，樵汲五人，共二十五人。
攻守二乘，凡一百人。』」

仲容案：吉引曹注較完。「家子二人」，「二」當作「一」。曹氏蓋謂
凡輕車一乘，騎卒十人，步兵十人，養二人，家子一人，廝二人，
共二十五人。重車一乘，養二人，家子一人，共三人。兩共二十八
人。則「帶甲十萬」者，專計騎卒之數，不計步卒及養、家子、廝
之數也。而杜牧、張預則謂輕車一乘，甲士步卒共七十五人；重車
一乘，固守衣裝、廝、養、樵汲共二十五人，兩共百人。二說遠不
相應。又曹注本以養為主炊之人，家子為主守衣裝之人，廝為主養
馬之人。《公羊》宣七年何注云：「炊亨曰養。」曹以養主炊，與何
說正合。而杜牧張預乃以炊家子為一，廝養為一，直是襲曹說而失
其讀，顯與古義不合。然則杜引《司馬法》，今《司馬法》亦無此文。張
引《曹氏新書》，皆不可信，明矣。考《李衛公問對》，按《曹公新
書》云：「攻車七十五人，前拒一隊，左右角二隊，守車一隊，炊子
十人，守裝五人，廝養五人，樵汲五人，共二十五人。攻守二乘，
凡百人。興兵十萬，用車千乘，輕車二千。」此文與張預說正同。
蓋隋唐間人僞託《曹氏新書》，有此妄說。而杜又誤屬之《司馬法》，
宋以後人率沿其繆，不可不辯也。

此辨《孫子》曹注散佚不完，隋唐間人復僞託《曹氏新書》，妄援他說，
以誣古義。宋以後人率沿誤而不自知，故先生辯之也。

再如斠《文子》徐靈府注〈精誠〉：「聖人不降席而匡天下，情甚於謤
呼。」

杜道堅《讚義》本「謤」作「梟」。

顧觀光校依文瀾閣本作「諜」。

仲容案：景宋本作「謤」，是也。《說文・口部》云：「嚊，聲嚊嚊也。」
「謤」即「嚊」之俗，又與「叫」同。《周禮釋文》云：「嚊，音叫。」《淮
南子・繆稱訓》云：「故舜不降席而天下治，桀紂不下陛而天下亂，
蓋情甚於叫呼也。」即譌託者所本。此書全剽竊《淮南子》譌作，詳錢跋
及顧記。今本作「梟」，即「謤」之壞字。

此明《文子》為後人剽竊《淮南子》而成，並以錢熙祚跋，顧觀光《校
勘記》作準據，說甚可信。

（6）蒐輯佚文

仲容於此有考佚文，有考佚敘，亦有考一書之存佚者，皆由點滴累積，
大有裨於古籍，可補馬氏玉函山房之未備也。

如斠《白虎通德論・災變篇》：「霜之爲言亡也。」

　仲容案：《初學記》二引「露者，霜之始，寒則變爲霜。」疑此條佚
　文。

又斠〈日月篇〉：「日月徑皆千里也。」

　仲容案：《五行大義》四引「日徑千里，圍三千里，下於天七千里。」
　當是此處佚文。

又如斠揚雄《方言》：「齊魯間謂題肩爲鴟。」

　仲容案：今本無此文。《廣韻》《集韻》十四清竝引《方言》，當是佚
　文。《儀禮・大射儀》鄭注亦有此語，惟「鴟」作「正」，「鴟」俗字
　也。

以上考佚文。

如斠《論衡・超奇篇》：「周長生者，文士之雄也。」又云「作《洞麻》
十篇，上自黃帝，下至漢朝，鋒芒毛髮之事，莫不紀載，與太史公表紀
相似類也。上通下達，故曰《洞麻》。」又〈案書篇〉云「長生之《洞麻》。」

　仲容案：長生名樹。《北堂書鈔》七十三引謝承《後漢書》有〈周樹
　傳〉。范書無。《洞麻》，隋唐志不著錄，惟范成大《吳郡志・人物門・
　角里光生》，引《史記正義》：「周樹《洞歷》云：『姓周名術字元遂，
　太伯之後。漢高帝時，與東園公、綺里季、夏黃公俱出，定太子，
　號四皓。』」今宋本《史記》附《正義》爲宋人所刪削，無此文。則此書唐時
　尚存也。

又斠《白虎通德論・爵篇》：「士者，事也，任事之稱也。」

　仲容案：《孝經》疏引此，上有「故禮辨名記曰」六字，當據補。〈辨
　名記〉，《大戴禮記》逸篇之一，《詩・魏風・汨如》《正義》亦引之。

以上考書之存佚，並兼涉作者生平事略。

如斠《列仙傳》〈列仙傳敘〉

　仲容案：此敘今《道藏》本佚，吳本、毛本並無。王據《太平御覽・道
　部》引補，亦有刪節。惟寫本《說郛》載其全文。蓋宋、元本尚未
　佚也。嚴可均《八代全文》亦僅錄《御覽》節本於《先唐文》，蓋嚴未見《說郛》
　元本也。今校錄於左：

　　〈敘〉曰：「《列仙傳》者，《御覽》作「漢」。光祿大夫劉向之《御覽》
　　無。所撰也。初武帝好方士，淮南王《御覽》有「安亦」二字，《說郛》挩。

招賓客，有《枕中鴻寶》《密祕》《御覽》無此二字。「密」，《漢書》向本傳作「苑」，此疑「宛」之誤。之書，言神仙使鬼物，及鄒衍重道延命之術，世人莫見。「言神仙」以下十九字，《御覽》無。先是安謀反《御覽》「叛」。伏誅。向父德爲武帝治淮南獄，獨《御覽》無。得其書。向幼而好《御覽》「讀」。之，以爲奇。及宣帝即位，修武帝故事，與王褒、張子喬《御覽》挩此三字。案本傳「喬」作「僑」，顏注：「字或作『喬』。」等，竝《御覽》挩。以通敏《御覽》「博」。有俊才進侍左右。向及《御覽》「又」。見淮南鑄金之術，上言黃金可成。上使向《御覽》「與」。典上《御覽》「尚」，字同。方，鑄金費多不驗，下吏當死，兄安《御覽》「陽」，本傳同。成本傳作「城」，宋祁校云：「一作『成』。」侯安民，乞入國戶半，贖向罪。上亦奇其材，得減死論，復徵《御覽》無此二字。詔爲黃門侍郎，講五經於石渠。至成帝時，向旣司典籍，見上頗修神仙之《御覽》無。事，及疑當作「乃」。知鑄金之術，實有不虛，仙疑當作「住」，「住」、「駐」字同。顏久視，眞乎不謬，但世人求之不勤者也。「及知」以下二十七字，《御覽》并無，蓋皆李昉等所刪節。遂緝《御覽》「修」上古以來及三代秦漢，博采《御覽》「採」。諸家言神仙事《御覽》引至此，以下九字竝挩。者，約載其人，集斯傳焉。」

此考〈列仙傳敘〉，甄錄《說郛》與《太平御覽》，兩敘相較，出入甚夥。先生均一一對勘，別其異同，爲今本《列仙傳》拾遺也。

（八）明凡例

仲容先生之從事斠讎，由其條分縷析，別同辨異，於各書行文之大例多所發明。古人著述，往往例隱於辭，承學之士，欲通貫前修之詁，必先發其大凡，知其條例，然後始如江河之有源流，岡巒之有脈絡，循序漸進，而書中之理得矣。總攬《札迻》與《周書斠補》，有可稱爲凡例者都十數條，惟先生旨在斠讎古籍，書中凡例之抉發，僅連帶及之，初無意從事於此也，但就此區區，亦足以導吾儕於先路，示治學之津樑矣。特分別錄之如次：

（1）《急就篇》中固多複字，然未有一句之中，一字兩出者

如斠該書第十三章：「蠡升參升半斗甀。」

注云：蠡升，瓢蠡之受一升者，因以爲名，猶今人言勺升耳，參升，亦以其受多少爲名也。

皇本作「蠡斗枀升半卮萆。」

孫校云：「枲」，帖作「枀」，即「參」字，《玉海》作「三」。

仲容案：此書固多複字，然未有一句之中一字兩出者。「蠡升」，「升」當從皇本作「斗」，其讀當爲「枓」。《說文·木部》云：「枓，勺也。」經典多以斗爲之。「斗」，漢隸皆作「卙」，與「升」形近而互譌。王校云：「升，一作計。」案「計」亦草書「斗」字之譌。「枀」疑即「枲」字。《方言》云：「臿，趙魏之間謂之桑。」《廣雅·釋器》云：「桑，臿也。」此借爲飯楺字。《儀禮·有司徹》：「二手執桃匕枋，以枇湆注於疏匕。」鄭注云：「二匕皆有淺斗，狀如飯楺。」宋本《釋文》如此。今本作「橤」，即「楺」之誤。蓋蠡瓢與飯桑皆有斗，故史以蠡斗桑類舉之。下「升半」，文自相對，《史記索隱》引王劭云：「半，量器名，容半升也。」顏據「蠡升參升」爲釋，孫校皇本又釋「桑」爲「枀」，竝誤。「萆」即「箄」字。皇本凡從竹字皆从艹，與艸不別。《方言》云：「箅，陳、楚、宋、魏之間或謂之箄。」即此。

（2）《山海經》說山祠禮秩，皆神大於冢，冢大於衆山之例

如斠該書《西山經》：「華山，冢也，其祠之禮太牢；羭山，神也，祠之用燭，齊百日，以百犧瘞用百瑜，湯其酒百尊，嬰以百珪百璧」。又云：「燭者，百草之未灰。」

郭璞注：冢者，神鬼之所舍也。「燭」或作「煬」。

畢云：郭說非也。《爾雅》：「山頂曰冢」。

郝云：此皆山也。言神與冢者，冢大於神。百草未灰，上世爲燭，蓋亦用麻蒸葦莒爲之。

仲容案：冢言特高於衆山，即〈釋山〉「山頂」之義。神言最高而有神靈，猶《史記·封禪書》言三神山。「神」，經或云「帝」，謂其尊配天也。此經說山祠禮秩，皆神大於冢，冢大於衆山。如此，羭山，神也，而用百犧。古祭禮無用百犧者，疑後人緣飾之侈說。華山，冢也，而用太牢。〈中山經〉夫夫山、即公山、堯山、陽帝山，皆冢也，祠用少牢。洞庭、榮余山，神也，祠用太牢，差次正同。郝謂冢大於神，傎矣。俞讀誤同。古祭禮有柴燎而無燭，燭雖用草，亦不當云「未灰」。郭引別本「燭」作「煬」，疑皆當爲「暘」，即「爸」之借字，《禮記·檀記》：「爸白以梬」，《釋文》云：「『爸』本作『暘』。」「百草之未灰」，

「未」當爲「末」。《漢書・禮樂志》〈郊祀歌〉云：「百末旨酒布蘭生。」顏注云：「百末，百草華之末也。」《春秋繁露・執贄篇》云：「暢取百香之心，獨末之，合之爲一。」即「百草末灰」之義也。《考工記・玉人》鄭注說：「天子巡狩，有事山川，宗祝用三璋之瓚以灌。」亦禮名山有用酓之證。

（3）《鹽鐵論》引書多從今文之例

如斠該書〈相刺第二十〉：「鄙人不能巷言面違。」

仲容案：「巷言面違」義難通。疑當作「善言庸違」。《書・堯典》「靜言庸違」，《史記・五帝本紀》「靜言」作「善言」，蓋漢時今文家說如是，次公引書多從今文也。「善」與「巷」，艸書相近，傳寫「善」誤作「巷」，校者不憭，又改「庸違」作「面違」，遂不可通耳。

（4）凡向所奏書，校定可繕寫者為新書之例

如斠《說苑・劉向奏》：「後令以類相從，一一條別篇目，更以造新事十萬言以上。」

盧校云：「後」下疑有挩文。

仲容案：以文義校之，「後」，當爲「復」之譌，下無挩文。「新事」當作「新書」，凡向所奏書，校定可繕寫者爲「新書」。《荀子目錄》載向奏題「新書」詳前《賈子新書》。，是其證也。程榮本、何允中本並無此奏，今據盧校宋本及楚府本、萬曆丙申汾州刊本校錄。

（5）劉向《說苑》「能」字皆作「而」之例

如斠該書〈政理〉：「公孫揮知四國之爲，而辨於其大夫之族姓，變而立至。」

盧據《左》襄三十一年《傳》校刪「而」、「至」二字云：「惠定宇云：『變立』即古文『班位』，然則『而』、『至』二字，乃後人妄增也。」

仲容案：惠說是也。此文全本《左傳》，「變而立至」，當作「變立而至」，即《左傳》之「班位能否」也，「而至」二字當在「立」下，實非衍文。「而」、「能」字同。「至」即「否」之譌。「否」，《正字》作「否」，與「至」形近而譌。《禮記・禮運》《正義》云：「劉向《說苑》『能』字皆爲『而』也。」是此書唐本「能」多作「而」，今本爲校者改竄殆盡，惟此文上下舛互，校者不曉其義，以意改爲「變而立至」，而

「能」字之借用，「而」轉未改竄耳。

（6）酈道元《水經注》所引碑文最為可據之例

如斠《風俗通義‧十反第五》：「司徒梁國盛允字子翩爲議郎。」

仲容案：《後漢書‧桓帝紀》李注云：「允字子代。」與此不同。《水經‧獲水注》云：「盧城城東有漢〈司徒盛允墓碑〉，允字伯世，梁國虞人也。」酈引碑文，最爲可據。《後漢書》注，「世」作「代」者，唐人避太宗諱改耳。此作「翩」者，實當爲「嗣」字，「嗣」與「世」音正相近也。漢隸「嗣」或作「嗣」，見《隸釋‧漢石經尚書殘碑》。與「翩」形近，故傳寫易誤。前〈怨禮篇〉「河南尹太山羊翩祖」，《後漢書‧羊陟傳》作「字嗣祖」，「翩」亦「嗣」之誤，是其證矣。

（7）古書多謂鬼魅為物之例

如斠《風俗通義‧怪神第九》：「言家當有老青狗物。」

盧校云：「物」字疑衍。

仲容案：古書多謂鬼魅爲物。《漢書‧郊祀志》云：「有物曰蛇。」顏注云：物謂鬼神也。《春秋繁露‧王道篇》云：「乾谿有物女。」此云「狗物」，猶言「狗魅」也，非衍。

（8）漢人引經緯不甚分別之例

如斠《風俗通義‧山澤第十》：「《孝經》曰：『聖不獨立，智不獨治。神不過天地，同靈造虛，由立五嶽，設三臺。』」

仲容案：《孝經》無此文。攷劉向〈列仙傳讚〉云：「〈援神契〉言不過天地，造靈洞虛，猶立五嶽，設三臺。」與此文同，則是《孝經緯》文。漢人引經緯不甚分別也。「同靈造虛」，「同」疑即「洞」之誤。

（9）《易林》多以二句一韻之例

如斠該書〈師之蹇〉：「武庫軍府，甲兵所聚，非里邑居，不可舍止。」

翟雲升校云：一作「非邑非里」。

仲容案：當作「非邑居里」。此以「府」與「聚」爲韻，「里」與「止」爲韻，此書例多以二句一韻，或本惟「居里」之「居」誤作「非」，餘皆不誤。文例正同。若作「非里邑居」，則下二句失韻矣。《周禮‧載師》鄭

注云：「廛里者，若今云邑居里。」是「邑居里」為漢人常語，可證此文之誤。

（10）《易林》於人名物名通以伯仲叔季儷之之例

如斠該書〈漸之隨〉：「聞虎入邑，必欲逃匿。無據易德，不見霍叔，終無憂慝。」

張本「必」作「心」，「易」作「昜」。校云：「無據易德」，別本作「走據陽德」。

牟云：「霍叔」謂霍虎也。《說苑》奉使解揚，霍人也，字子虎，故後世言霍虎。

仲容案：此文雖有譌互，然大恉止謂聞虎而實無虎，文義甚明，與解揚事無涉，牟說殊鑿。丁又引《史記‧晉世家》以證之，誤益甚矣。「無據易德」，義難通，疑當作「失據惕息」，〈蠱之升〉云：「惶懼惕息」。皆形聲之誤。「失」、「无」形譌。「不見霍叔」，亦謂不見虎，「霍」疑當為「寅」。北齊武平元年《造像記》，「寅」作「霣」，與「霍」形相近。虎於十二辰屬寅，故稱寅。猶〈臨之乾〉以「白戌」為白犬也。云「寅叔」者，此書於人名物名通以伯仲叔季儷之，如〈姤之屯〉稱虎為「班叔」，即其墣證也。

（11）禮經載古之男女服不嫌同名之例

如斠《穆天子傳》郭璞注卷一：「天子大服冕褘。」

郭注云：褘衣，蓋王后之上服，今帝服之所未詳。

仲容案：此「冕褘」於《周禮‧司服》當「祀四望山川」之「毳冕」〈內司服〉先鄭注云：「褘衣，畫衣也。」王冕服皆衣畫而裳繡，故亦通謂之褘。后六服有褖衣，〈士喪禮〉及〈襍記〉名男子玄端服之連衣裳者亦曰褖衣，是男女服不嫌同名之例。

（12）彥和用經語多從別本之例

如斠《文心雕龍‧徵聖第二》：「文章昭晰以象離。」

元本「晰」作「晢」。馮鈔本、汪一元本、活字本並同。

仲容案：《說文‧日部》云：「昭晢，明也。」「晢」或作「晰」，「晰」即「晢」之譌體。此書多作「晢」者，用通借字也。《易‧大有》九四〈象〉云：「明辯晢也。」《釋文》云：「晢，又作晢。」《易‧乾鑿

度》云：「虛無感動，清淨炤晢。」「炤晢」亦即「昭晰」也。後〈正緯〉、〈明
詩〉、〈總術〉三篇，「昭」、「晰」字，元本、馮鈔本亦並作「晢」，
今本皆譌。彥和用經語多從別本，如前〈原道篇〉「幽讚神明」，亦
本《易》《釋文》或本，元本如是。黃注本作「贊」，顧校據《易》《釋文》正
之。與此可互證。

（13）凡《周書》以開名篇者並取詔告開發之義

如斠〈大開武解〉第二十七

仲容案：《史略》作〈大武開〉，下篇亦作〈小武開〉，則高所據本兩
「開」字并在「武」下，以文義校之，高本是也。〈序〉云：「武王
忌商，周公勤天下，作〈大、小開武〉二篇。」亦當作〈大、小武開〉，
因篇名誤到，校者并以改序耳。是此二篇皆武王開告周公之言。此書凡以
「開」名篇者，并取詔告開發之義。〈皇門篇〉云：「維其開告于予嘉德之說。」
故以「武開」名篇，而以大小分題，且以別前〈大開〉〈小開〉二篇
爲文王之言也。又前文王之書，謂之〈文開〉，後成王之書謂之〈成
開〉，諸篇名義并司，可以互證。

五、結　論

有清二百六十八年爲斠讎學擅勝之時代，一切學術之拓殖，皆以此爲基
點，〔註3〕舉凡羣經、諸子、史篇、文集，古籍之所以傳布及今者，皆磨琢組
織，重加甄審，務期向覺難讀之書，自此而渙然冰釋，若干僞作與竄亂者，
皆揀剔別擇，不復虛糜精力，使久墜之絕學，得此而復其本眞，光大先澤之
緒業。其所通用之方法，綜而括之，不外五種：其一，就兩本對照校勘，或
根據前人徵引，記同別異，擇善而從。其二，係根據本書或他書之旁證反證，
以諟正原始文句之譌誤。其三，發明原書作者原定之體例；再據體例刊正通
有之錯訛。其四，依據別種資料判定原書之挩譌與誤倒，其五，審定原著之
篇目，以及分類簿錄之法。前三種即所謂斠讎學，後二種則別謂斠讎目錄學。
兩者之間，固有廣狹之異趣，而究其恉義實相通貫也。其通行之步驟亦有六
種。其一，凡常人易經眼忽視處，宜縝密觀察，不留餘地。其二，觀察之後，

〔註3〕見梁啓超《中國近三百年學術史》二二四頁〈校注先秦子書及其他古籍〉。崔
　　　垂言《古籍校勘學要畧·四》。

既生疑寶，則選取客觀之資料，為忠實之判斷。其三，立說研究，非散漫無紀，多先立假設以為準據。其四，假設之說既立，絕不以單詞孤證決定是非，必須廣搜博攷後，再下斷語。其五，斷案。其六，推論。經數番歸納研究之後，可得正確之斷案；斷案既立，則可證之本文，驗諸他書，皆能旁通而無礙。〔註4〕仲容先生殿於清代樸學既盛之後，堅守正統學派之壁壘，窮經著書者垂四十年，鉤深窮高，超邁前修。新會梁氏云「詒讓則有醇無疵，得此後殿，清學有光矣。」〔註5〕

　　孫氏治書雖以識字明訓詁為本，而尤主於覃思深究，彼云：「秦漢文籍，詥恉奧博，字例文例，多與後世殊異。如荀卿書之案，墨翟書之唯毋，晏子書之以敊為對，淮南王書之以士為武，劉向書之以能為而，驟讀之幾不能通其語，復以竹帛梨棗鈔槧婁易，則有三代文字之通叚，有秦漢篆隸之變遷，有魏晉正艸之輥淆，有六朝唐人俗書之流失，有宋、元、明人校槧之羼改，達徑百出，多岐亡羊，非覃思精勘，深究本原，未易得其正也。」〔註6〕其斠讎方法，雖以底本之互勘為初步工夫，而尤主不墨守一家，必須廣徵副本；互相參證。如云「綜論厥善，大氐以舊刊精校為據依。而究其微恉，通其大例，精研博攷，不參成見……其諟正文字誤舛，或求之本書，或旁證之他籍，及援引類書，而以聲類通轉為之鈐鍵，故能發疑正讀，奄若合符。」（引見前）。其斠讎態度，雖亦主「大膽之假設，小心之求證」，〔註7〕但卻諸法互用，識膽兩皆絕倫。如斠《周書》云：「此書舊多闕誤，近代盧氏紹弓校本，朱氏亮甫《集訓》，芟鬏蓁葳，世推為善冊。余嘗以高續古《史略》，黃東發《日鈔》勘之，知宋時傳本實較今為善。世所傳錄惠氏定宇校本，略記宋槧異文，雖多謑互，猶可推故書輄迹。盧本亦據惠校，顧采之未盡。朱本於盧校之善者，復不盡從之；而所補闕文，多采丁宗洛《管箋》；則又大都馮肊增羼，絕無義據。蓋此書流傳二千餘年，不知幾更迻寫，俗陋書史，率付之不校；即校矣而求專家通學如盧朱者，固百不一遘。今讀〈酆謀〉、今本並誤「謀」，〈商誓〉、〈作雒〉諸篇，則盧朱兩校亦皆不能無妄改之失；然則此書之創痏眯目，斷蹢不屬，審足異乎」。〔註8〕其評

〔註4〕以上皆係斟酌本文，參究梁啓超《清代學術概論》，以及《中國近三百年學術史》而成。

〔註5〕見梁著《中國近三百年學術史》。

〔註6〕見孫氏《札迻·自序》。

〔註7〕見《胡適文存》第一集〈清代學者的治學方法〉。

〔註8〕見孫氏《周書斠補·自敍》。

《周書》之眞僞，辨前注之得失，無不見眞識切，深中其弊。其自言個人從事斠讎之所本云：「乾嘉大師，惟王氏父子郅爲精博，凡舉一誼，皆塙鑿不刊……詒讓學識疏讕，於乾嘉諸先生無能爲役，然深善王觀察《讀書雜志》，及盧學士《羣書拾補》，伏案研誦，恒用檢覈，間竊取其義法以治古書，亦略有所寙。」（見孫氏《札迻・自序》）至其言斠讎古籍之樂云：「每得一佳本，晨夕目誦，遇有鉤棘難通者，疑牾紊積，輒鬱轖不怡。或窮思博討，不見崖倪，偶涉他編，迺獲塙證，曠然昭寤，宿疑冰釋，則又欣然獨笑，若涉窮山，榛莽霾塞，忽覯微徑，竟達康莊。邢子才云：『日思誤書，更是一適。』斯語亮已。」（見前引）

　　至於孫氏所斠之書，已見於本章首節仲容先生在斠讎方面之重要著述中，茲不煩贅。而本章雖於第二第三兩節內，詳明孫氏治書之態度與方法，而第四節闡述其斠讎古籍之成績，尤重在昌明其卓識灼見，迥然有異乎眾人也。俞曲園序《札迻》云：「夫欲使我受書之益，必先使書受我之益，不然『割申勸』爲『周田觀』，『而肆赦』爲『內長文』，且不能得其句讀，又烏能得其旨趣乎。余老矣！未必更能從事於此。仲容學過於余，而年不及余，好學深思，以日思誤書爲一適，吾知經疾史恙之待治於仲容者，正無窮也。」章太炎先生《孫詒讓傳》亦云：「詒讓學術，蓋籠有金榜、錢大昕、段玉裁、王念孫四家，其明大義，鉤深窮高過之。」今觀孫氏之斠讎學，其兼採眾長，淹貫百家之著述，益覺俞、章二君之言，其信而有徵也。

第九章　孫詒讓之目錄學

一、緒　言

（一）《溫州經籍志》著述緣起

　　目錄之學，由來上矣。《詩》、《書》之序，即其萌芽。向、歆父子，主校中祕，撰爲《別錄》、《七略》，而其體裁遂以完備，自是以來，作者代不乏人。承學之士，亦無不先窺目錄以爲津逮，故目錄之學，較其他學術，尤爲重要。然而九流百氏，塗轍糾紛，延閣、石渠，庋藏緜積，將欲登瀛岳於尺組，彙宙合爲一編，薈萃群言，牢籠萬有，則藝文之志，李唐以前，多屬史氏官修。

　　案：《漢書》載：「祕藏之書，頗有亡散，成帝河平三年八月乙卯，詔光祿大夫劉向，領校中五經祕書。謁者陳農使使求遺書於天下。向與子黃門歆，校經傳諸子詩賦，步兵校尉任宏校兵書，太史令尹咸校數術，侍醫李柱國校方技，每一書已，向輒條其篇目，撮其旨意，錄而奏之。綏和二年，哀帝初即位，大司馬王莽舉劉歆爲侍中太中大夫，遷車騎都尉，奉車，光祿大夫，貴幸，復領五經，卒父前業。乃徙溫室中書於天祿閣上，歆遂總括羣書，撮其旨要。種別爲《七略》。」據《隋書》卷三十二：「光武中興，篤好文雅，明、章繼軌，尤重經術，四方鴻生鉅儒，負袟自遠而至者，不可勝算。石室、蘭臺，彌以充積。又於東觀及仁壽閣集新書，校書郎班固、傅毅等典掌焉。並依《七略》而爲書部，固又編之，以爲《漢書‧藝文志》。」據《晉書》卷四十四：「魏氏代漢，采掇遺亡，藏在祕書中外三閣，魏秘書郎鄭默始制

《中經》。」又《隋書》卷三十二:「祕書監荀勗,又因《中經》,更著《新簿》,分爲四部,總括羣書,……合二萬九千九百四十五卷。但錄題及言,盛以縹囊,書用緗素。至於作者之意,無所論辯。」據《南齊書》卷二十三:「宋後廢帝元徽元年,先是祕書郎太子舍人王儉,超遷祕書丞,上表求校墳籍,依《七畧》撰《七志》。」「八月辛亥,上表獻之,表辭甚典。」據《北齊書》卷四十五:「(北齊文宣帝天保)七年,詔令校定羣書,供皇太子。(大行臺郎中樊)遜與冀州秀才高乾和、瀛州秀才馬敬德、許散愁、韓寶同,洛州秀才傅懷德、懷州秀才古道子、廣平郡孝廉李漢子、渤海郡孝廉鮑長暄、陽平郡孝廉景孫、前梁州府主簿王九元、前開府水曹參軍周子深等十一人同被尚書詔共刊定。時祕府書籍紕繆者多,遜乃議曰:『……即欲刊定,必藉眾本。太常卿邢子才、太子少傅魏收、吏部尚書辛術、司農少卿穆子容、前黃門郎司馬子瑞、故國子祭酒李葉興,並是多書之家,請牒借本參校得失。』祕書監尉瑾移尚書都坐,凡得別本三千餘卷,五經諸史,殆無遺闕。」又據《隋書》卷三十二、卷五十八云:「開皇九年正月,隋師陷建鄴。平陳已後,經籍漸備。檢其所得,多太建時書,紙墨不精,書亦拙惡。於是總集編次,存爲古本。召天下工書之士,京兆韋霈、南陽杜頵等,於秘書內補續殘缺,爲正副二本,藏於宮中,其餘以實祕書內、外之閣,凡三萬餘卷。」「開皇十七年,許善心除祕書丞,時秘書圖籍尚多淆亂,善心倣阮孝緒《七錄》,更制《七林》,各總序冠於篇首,又於部錄之下,明作者之意,區分類例焉。又奏追李文博、陸從典等學者十餘人,正定經史錯謬。」據《新唐書》卷百九十九:「開元五年七月甲子,是時,祕書省典籍散落,條疏無敘。」「開元七年七月乃令學士鄂縣尉毋煚、櫟陽尉韋述、太學助教余欽,總緝部分。殷踐猷、王愜治經,韋述、余欽治史,毋煚、劉彥直治子,王灣、劉仲丘治集。」又《唐會要》卷六十四:「開元七年九月敕:比來書籍缺亡,及多錯亂,良由簿歷不明,綱維失錯。或須搜閱,難可校尋。令麗正殿寫四庫書,各於本庫,每部別爲目錄。其有與四庫書名不類者,依劉歆《七畧》,排爲《七志》。其經、史、子、集,及人文集,以時代爲先後,以品帙爲次第。其三教珠英,既有缺畧,宜依舊目,隨文修補。」總括以上史志所載,則整理祕書,

補苴殘叢，多為官修。以私人之力，博采抄集者，計南朝梁武帝普通中阮孝緒與劉杳，〔註1〕於唐天寶十五年韋述目乾元舊藉，亡散殆盡，乃以家藏書二萬卷，校定鉛槧，雖御府不逮也，〔註2〕僅寥寥三數人而已。

《隋志》以後，私家撰述目錄之風始起，計其最著而傳世者，有晁志、宋高宗紹興二十一年元日，晁公武撰《郡齋讀書志》四卷《後志》二卷《附志》一卷，首有總序，敍述歷代撰修目錄之經過，及其自撰此志之所以不遵《七畧》而依四部之由。尤目、宋理宗寶慶年間，尤袤撰《遂初堂書目》，係就其遂初堂所藏書籍撰修之目錄也。書前既無總序，每部之首亦無小序，書後亦不列提要，惟於每一書下署記版本而已。陳錄、宋理宗淳祐九年陳振孫以戶部侍郎致仕，後撰《直齋書錄解題》二十二卷，錄書至五萬一千一百八十餘卷。此書不若晁志之有總序，每部亦無經、史、子、集之名，故亦無小序，唯在每類之下，間附數行文字，以述其所以立此類之由。馬考、元仁宗延祐六年四月，王壽衍表進馬端臨《文獻通考》，英宗至元二年勅下饒州路刊印馬端臨《文獻通考》，內有《經籍考》七十六卷，係據《郡齋讀書志》及《直齋書錄解題》二書編成。書首有總序，述書契之起源，典籍之聚散存亡，與夫校讐理董之經過。四部之下雖無小序，而每類類名之下則有小序，以述本類之學術源流、派別，與夫興衰存亡等情形，或闡明其所以設立是類以及改隸部屬之緣由等。以及《百川書志》、明嘉靖十九年五月高儒撰。《紅雨樓書目》、明神宗萬曆三十年初秋徐𤊱撰。《澹生堂書目》，明神宗萬曆四十一年五月祁承爜撰《澹生堂藏書約》。光宗泰昌元年七月撰《澹生堂書目》，以因、益、通、互四法，為圖書分類之依據，為有明一代目錄學之冠。與錢謙益《絳雲樓書目》、清世祖順治年間錢謙益撰，順治七年十月初二日夜，錢謙益絳雲樓災，所藏善本七十三大櫥俱燼。黃虞稷《千頃堂書目》、清康熙年間江寧黃虞稷嘗撰《千頃堂書目》，清順治五年錢謙益撰〈黃氏千頃齋藏書記〉。金檀《文瑞樓藏書目錄》，清康熙五十八年金檀撰，楊蟠有〈文瑞樓書目序〉。皆能存四庫之楷模，萃邦家之文獻，襞積裒腋，鉤稽緇繩。至於特殊目錄中之地方著作目錄，蓋始乎宋孝王《關東風俗傳》之〈墳籍志〉，劉子玄《史通‧書志篇》載：「近者宋孝王《關東風俗傳》亦有〈墳籍志〉，其所錄皆鄴下文儒之士、讐校之司，所列書名，唯取當時撰者。……語曰：雖有絲麻，無棄菅蒯，於宋生得之矣。」考《北齊書‧宋世軌傳》，知孝王之書，原名《別錄》，會周平齊，改為《關東風俗傳》。書雖兼具傳記方志之體例，然專錄一方人士之著作，實開後世方志著錄書目之風氣。迨及宋元，多沿茲作。案宋寧宗嘉泰年間有《會稽志》，明萬曆

〔註1〕見《隋書》卷三十二，《廣弘明集》卷三。
〔註2〕見《唐書》卷一百二。

間祁承爍之《兩浙著作考》，多至四十六卷。又周天錫《慎江文徵》卷三十八載明永嘉姜準撰有《東嘉書目考》，此並不傳。傳者當推明末曹學佺《著作記》，書凡十二卷，殘本四卷。見於《圖書館學季刊》第三卷，按其體例，堪稱創作。洪亮吉《更生齋甲集》三，有邢澍全撰之《全秦藝文錄》，稱其書仿《歷史藝文志》，而參以《經義考》之例，今亦未見其書。厥後撰著漸緐，記載難悉，遂創專志，別帙單行，簿錄之體不淆，釋地徵文之例，亦於斯宏焉。降至近代，好古之士，或就一郡一邑，敀其先哲著述，庶幾前賢手澤不就湮霾，皇使徵求得所依據，於辨章學術，諟正文字，固大有裨於政治風教也。況兩浙人文之盛，冠于東南，溫州負山而濱海，有華蓋、洞天之勝，丹霞、赤水之奇，止齋、水心導其緒，茂恭、宗豫踵其徽，靡不家握隨珠，人懷卞玉。惟自唐以來，纂述雖屬斐然，而圖經廑具書名，不詳崖畧，疏漏踳謬，研討靡資。惟嘉慶《平陽縣志》、道光《樂清縣志》，經籍一門，畧存敍跋。湯成烈咸豐《永嘉縣志稿》，體裁淵雅，其〈藝文錄〉全用朱氏《經義考》之例。然其所紀，亦止于一縣，且永嘉諸儒之遺言，湯氏多所未考，故內容亦欠完備。瑞安孫先生仲容，克承家學薰陶，關心鄉梓文獻，累月經年，旁搜遠紹，爰考先達著作，上斷唐、宋，下終嘉、道，撮其大要，別其存佚，成《溫州經籍志》三十六卷，以牴存辜較，兼拾闕遺也。

（二）《溫州經籍志》內容大要

先生既以郡縣舊志之于經籍，疏漏踳駁，無裨攷證，而姜氏之書，又以不傳，乃討論排比，成《經籍志》三十六卷，列名書目一千三百餘家。其部居分合出入，一遵欽定《四庫書目》。編纂義例，則多本馬氏《通考》。馬氏所未備者，則宗清朝朱氏《經義攷》。僑寄人士之書、作偽之書、傳疑之書，悉納于〈辨誤〉。游宦名賢之圖經，則又別爲〈外編〉。於作者之選取，限斷至嚴。刻本之攷校，疏證至博。其附著之詞，于學派升降，文人風尚異同之微，尤詳乎言之。每敍一書，大抵於科目之下，敍跋爲首，目錄次之，評議之語又次之，有關作者之遺事叢談，畧綴一二，覆案之見，殿于簡末，體例精備，內容豐贍，可謂溫州藝苑之秘寶，一郡文獻之幟志矣。

（三）《溫州經籍志》在目錄學中之地位

班孟堅撰《漢書‧敍傳》，始爰目錄，以條流藝文。班固《漢書‧敍傳》云：「劉向司籍，九流以別，爰著目錄，畧述洪烈，述〈藝文志〉第十。」王鳴盛《十七史商

榷》，首倡目錄學爲治學津梁。王鳴盛《十七史商榷》卷一：「目錄之學，學中第一緊要事，而從此問塗，方能得其門而入。然此事非苦學精究，資之良師，未易明也。」觀夫向歆《錄》、《畧》、《隋書·經籍志·簿錄類》云：「古者史官既司典籍，蓋有目錄以爲綱紀。體制湮滅，不可復知。孔子刪書，別爲之序，各陳作者所由。韓、毛二詩，亦皆相類。漢時劉向《別錄》、劉歆《七畧》，剖析條流，各有其部，推尋事跡，疑則古之制也。」章學誠《校讎通義·序》云：「校讎之意，蓋自劉向父子，部次條別，將以辨章學術，考鏡源流，非深明於道術精微，羣言得失之故者，不足與此。」章炳麟《檢論》卷二〈徵七畧〉云：「《御覽》引劉氏書，或云劉向別傳，或云《七畧》別傳，今觀諸子敍錄，皆撮舉爵里事狀，其體與〈老韓〉、〈孟荀〉、〈儒林〉相類，蓋淮南王安爲《離騷傳》，太史公嘗舉其文以傳屈原，於古有徵，而輓近爲學案者往往效之，兼得傳稱，有以也。」案向死後，歆復領五經，卒父前業。乃集六藝羣書，種別爲《七畧》：有〈輯畧〉、〈六藝畧〉、〈諸子畧〉、〈詩賦畧〉、〈兵書畧〉、〈數術畧〉、〈方技畧〉，剖判藝文，條理百家，遂成一代校讎之偉業，樹千載目錄之基礎也。《漢志》序目，案班固《漢書·藝文志》之體例，首爲總序，鈔漢室藏書校書之源流。次列書目、撰人及篇數，因《漢志》六藝畧過長，恕不錄。故知目錄，即學術之史也。而目錄之書者，亦即告學者讀書之方，有其探索之勞也。惟古今著述之林，作者千百，而傳者萬一，各抱石室名山之夙願，終逐零紈斷素以俱湮。魯壁秦阬，古今同慨！然則收敗骼、掩殘齒，備一方掌故之稽，存中原文獻之目，洵可謂上昭往彥，下啓後賢。孫先生仲容《溫州經籍志》敍目錄遺，考鏡源流，續聖火以常明，濬涸流而不斷，鈐鍵藝林，可謂問學之門徑，典藏之寶筏矣。張之洞《輶軒語·語學》云：「泛濫無歸，終身無得。得門而入，事半功倍。或經或史，或詞章或經濟，或天算地輿，經治何經，史治何史，經濟是何條，因類以求，各有專注。至於經注，孰爲師授之古學，孰爲無本之俗學，史傳孰爲有法，孰爲失體，孰爲詳密，孰爲疏舛，詞章孰爲正宗，孰爲旁門，尤宜抉擇分析，方不至誤用聰明。此事宜有師承，然師豈易得，書即師也。」《溫州經籍志》雖僅志一方之著述，而其體例之謹嚴詳備，尤過于《四庫全書總目提要》，此在學者一閱，即可信我說之不虛也。

二、《溫州經籍志》中孫氏承襲前人之例

　　《溫州經籍志》於寫作體例中，有承襲前人之遺規者，計分編目、存佚、作者、敍跋四類，四類之內，各別而爲若干子目。茲分類演繹，並舉其說以實之。

（一）編目方面

（1）分別部居，雜而不越，一遵荀勖《中經新簿》之成例

仲容先生《溫州經籍志·敍例》曰：「劉《略》班《藝》，類分以六。厥後荀勖創四部之名，王儉樹《七志》之目，分別部居，雜而不越。勝朝地志，所紀藝文，多以人次，此例亦不知昉于何書，宋高似孫《剡錄》，載戴、阮、王、謝四家著述，各以族姓相次，又與此不同。義類紛舛，實乖史裁。蓋經藝異軌，史子殊原，不有區分，曷資參證。故此編分類，一遵四部。」

案：晉武帝太康二年，得汲冢《古文竹書》，以付秘書。詔勖撰次之。勖因鄭默《中經》，更著《新簿》。《晉書·荀勖傳》：「及得汲郡冢中《古文竹書》，詔勖撰次之，以爲《中經》，列在秘書。」《隋書·經籍志》：「董卓之亂，獻帝西遷，圖書縑帛，軍人皆取爲帷囊。所收而西，猶七十餘載。兩京大亂，掃地皆盡。魏氏代漢，采掇遺亡，藏在秘書中、外三閣。魏祕書郎鄭默，始制《中經》。」《七錄·序》：「晉領秘書監荀勖，因魏《中經》，更撰《新簿》。」遂變《七畧》之體，分爲甲乙丙丁四部，是爲後世經史子集之權輿。《七錄·序》云：「晉《中經簿》，四部書一千八百八十五部，二萬九千九百三十五卷，其中十六卷佛經書，簿少二卷，不詳所載多少。」《隋書·經籍志序》云：「魏秘書郎鄭默，始制《中經》，秘書監荀勖，又因《中經》，更著《新簿》，分爲四部，總括羣書。一曰甲部，紀六藝及小學等書；二曰乙部，有古諸子家、近世子家、兵書、兵家、術數；三曰丙部，有史記、舊事、皇覽簿、雜事；四曰丁部，有詩賦、圖讚、汲冢書。大凡四部合二萬九千九百四十五卷。但錄題及言，盛以縹囊，書用緗素。至於作者之意，無所論辯。」仲容志溫州經籍，即遵經史子集之序，部勒羣書，咸秩無紊。

（2）子目分合，一遵《四庫》之例

仲容先生《溫州經籍志·敍例》曰：「子目分合，古錄多殊，惟乾隆《四庫總目》，辨識最精，配隸尤當。今之編纂，實奉爲圭臬焉。」

案：清至康熙時，天下大定，留意文籍，內廷新藏之書，多由儒臣摘敍簡明略節，附夾本書之內。見《四庫提要》卷首上諭。乾隆三十七年，詔求天下遺書。三十八年二月，又詔派軍機大臣爲總裁官，分派各館修書翰林等官，取所藏《永樂大典》，詳加檢閱，並與《古今圖書集成》互爲校覈，擇其未經採錄，足資啓牖後學，而流傳甚罕者，繕寫刻板，得逸書凡三百八十五種，四千九百二十六卷。是時各省

探進之書，共計四千五百二十三種，五萬六千九百五十五卷，再加私人進獻之書六、七百種，並內府所藏，其數量甚可觀。乃開館編纂，賜名《四庫全書》。按《四庫全書》之整理，以紀昀、陸錫熊等爲總纂官，在職者凡三百六十人，抄胥一千五百人，自乾隆三十八年，迄四十七年告竣。總計存書三千四百五十七部，七萬九千零七十卷，存目六千七百六十六部，九萬三千五百五十六卷。分裝三萬六千冊，六千七百五十二函。分寫七部，一置北京紫禁城內之文淵閣，一置圓明園內之文源閣，一置於瀋陽之文溯閣，一置熱河之文津閣，此四處稱爲內廷四閣。其後又命建文匯閣於揚州大觀堂，文宗閣於鎮江金山寺，文瀾閣於杭州聖因寺，亦各藏全書一部，是謂江浙三閣者也。每書皆校其得失，撮其大旨，敍於本書卷首，名曰提要，綜各書之提要，合而爲《四庫全書總目》。又因卷帙太緐，繙閱不易，另輯《簡明目錄》一編。《四庫提要》卷首載乾隆三十九年七月二十五日上諭：「四庫全書處進呈總目，於經史子集內分析應刻應抄及應存書目三項，各條下俱經撰有提要，將一書原委，撮其大要，並詳著書人世次爵里，可以一覽了然。較之《崇文總目》，蒐羅既廣，體例加詳，自應如此辦理。著通查各省進到之書，其一人收藏百種以上者，可稱爲藏書之家，即應將其姓名附載於各書提要末，其在百種以下者，亦應將由某省督撫某人採訪所得，附載於後。其官版刊刻及各處陳設庫貯者，俱載內府所藏，使其眉目分明，更爲詳細。至現辦《四庫全書總目提要》，多至萬餘種，卷帙甚隆，將來鈔刻成書，繙閱已頗爲不易，自應於提要之外，另刊《簡明書目》一編，祇載其若干卷，註某人撰，則篇目不墜而檢查較易。俾學者由書目而尋提要，由提要而得全書。」此書以經史子集，提綱編目，經部分十類，史部分十五類，子部分十四類，集部分五類。或流別緐碎者，又各析子目，條理至爲明爽。

（3）所分子目，如為溫州著述所無，則依孫星衍《廉石居藏書記》之例，標曰某類無

案：《廉石居藏書記》，爲清朝孫淵如遺書也，取孫氏《祠堂書目》刊本勘校，乃先生所藏宋、元槧本，及舊鈔諸善本，多《四庫》未得之秘，錄其刊刻年代、人名、前後序跋，視宋晁氏《讀書志》、陳氏《書錄解題》，更爲精確。洵爲可據之書，惜無類次，亦未刊行。道光中，江寧陳宗彝仲虎訪陽湖孫公子竹堪於五松園，始假歸此《記》，分類排次，成二卷，於道光十六年丙申立夏刻梓行世。見陳宗彝《廉石居藏

書記·序》。書中分部，蓋遵孫氏《祠堂書目》分為十二，即〈經學〉第一、〈小學〉第二、〈諸子〉第三、〈天文〉第四、〈地理〉第五、〈醫律〉第六、〈史學〉第七、〈金石〉第八、〈類書〉第九、〈詞賦〉第十、〈書畫〉第十一、〈說部〉第十二。見孫氏《祠堂書目》孫星衍序，序末附注：「此序作于嘉慶五年，後刊書目，又有更正部分，與序或有不合，畧改而存之，不復重作。」總目之下，更分子目，子目為孫氏藏書所無者，輒注曰無。如《廉石居藏書記》內篇卷上之分部，〈經學〉一目之中，部勒藏書十四種。其次為〈小學〉一目，宋藏無宋元鈔本，小字旁注曰無。再為〈諸子〉、〈天文〉、〈地理〉、〈醫律〉、〈史學〉諸目，各轄藏書若干種，又次為〈金石〉，家藏無古本，即小字旁注曰無之類。仲容取其成例，以為子目有無之依據。

綜上三例，可知《溫州經籍志》於編目方面，蓋取荀勖四部、清《四庫》、與《廉石居藏書記》之通義，為分類編目之準繩，全書三十六卷，四十三類，於地方著作目錄中，可謂巨製空前矣。茲表列其類例如左，以見其概。

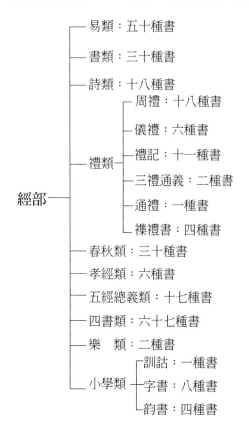

經部
　易類：五十種書
　書類：三十種書
　詩類：十八種書
　禮類
　　周禮：十八種書
　　儀禮：六種書
　　禮記：十一種書
　　三禮通義：二種書
　　通禮：一種書
　　祼禮書：四種書
　春秋類：三十種書
　孝經類：六種書
　五經總義類：十七種書
　四書類：六十七種書
　樂　類：二種書
　小學類
　　訓詁：一種書
　　字書：八種書
　　韻書：四種書

以上經部小計：共分十類，書籍二百七十五種。

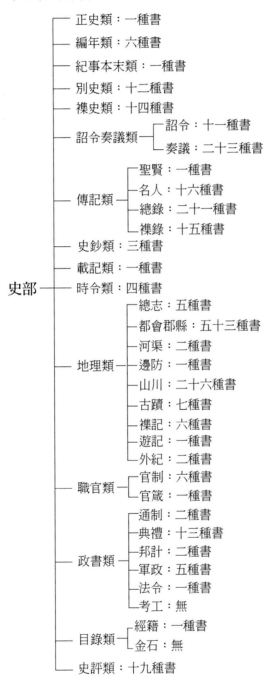

史部
- 正史類：一種書
- 編年類：六種書
- 紀事本末類：一種書
- 別史類：十二種書
- 襍史類：十四種書
- 詔令奏議類
  - 詔令：十一種書
  - 奏議：二十三種書
- 傳記類
  - 聖賢：一種書
  - 名人：十六種書
  - 總錄：二十一種書
  - 襍錄：十五種書
- 史鈔類：三種書
- 載記類：一種書
- 時令類：四種書
- 地理類
  - 總志：五種書
  - 都會郡縣：五十三種書
  - 河渠：二種書
  - 邊防：一種書
  - 山川：二十六種書
  - 古蹟：七種書
  - 襍記：六種書
  - 遊記：一種書
  - 外紀：二種書
- 職官類
  - 官制：六種書
  - 官箴：一種書
- 政書類
  - 通制：二種書
  - 典禮：十三種書
  - 邦計：二種書
  - 軍政：五種書
  - 法令：一種書
  - 考工：無
- 目錄類
  - 經籍：一種書
  - 金石：無
- 史評類：十九種書

以上史部小計：共分十五類，書籍二百七十五種。

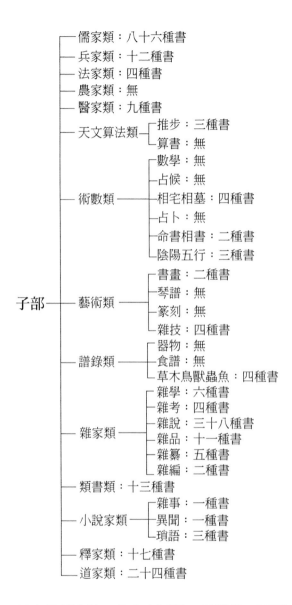

子部
├─ 儒家類：八十六種書
├─ 兵家類：十二種書
├─ 法家類：四種書
├─ 農家類：無
├─ 醫家類：九種書
├─ 天文算法類
│　├─ 推步：三種書
│　└─ 算書：無
├─ 術數類
│　├─ 數學：無
│　├─ 占候：無
│　├─ 相宅相墓：四種書
│　├─ 占卜：無
│　├─ 命書相書：二種書
│　└─ 陰陽五行：三種書
├─ 藝術類
│　├─ 書畫：二種書
│　├─ 琴譜：無
│　├─ 篆刻：無
│　└─ 雜技：四種書
├─ 譜錄類
│　├─ 器物：無
│　├─ 食譜：無
│　└─ 草木鳥獸蟲魚：四種書
├─ 雜家類
│　├─ 雜學：六種書
│　├─ 雜考：四種書
│　├─ 雜說：三十八種書
│　├─ 雜品：十一種書
│　├─ 雜纂：五種書
│　└─ 雜編：二種書
├─ 類書類：十三種書
├─ 小說家類
│　├─ 雜事：一種書
│　├─ 異聞：一種書
│　└─ 瑣語：三種書
├─ 釋家類：十七種書
└─ 道家類：二十四種書

以上子部小計：共分十四類，書籍共二百五十八種。

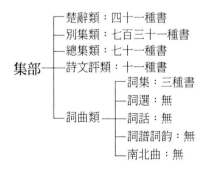

集部
├─ 楚辭類：四十一種書
├─ 別集類：七百三十一種書
├─ 總集類：七十一種書
├─ 詩文評類：十一種書
└─ 詞曲類
　　├─ 詞集：三種書
　　├─ 詞選：無
　　├─ 詞話：無
　　├─ 詞譜詞韻：無
　　└─ 南北曲：無

以上集部小計：共分五類，其爲書共八百五十七種。

總計《溫州經籍志》三十六卷，四部，四十三類，其爲書共一千六百六十五種，存、佚、闕、未見，并在其中也。

（二）存佚方面

（1）仿唐釋智昇《開元釋教錄》之例，於目錄中別其存佚

仲容先生《溫州經籍志・敍例》曰：「目錄之別存佚，自唐釋智昇《開元釋教錄》始也。」

案：唐開元十八年西京崇福寺沙門釋智昇，奉敕撰《大唐開元釋教錄》二十卷，又撰《開元釋教錄署出》四卷、《續古今譯經圖記》一卷、《續大唐內典錄》一卷。其書「開爲總別」，總錄「總括群經」。「從漢至唐，所有譯述，具帝王年代，並譯人本事、所出教等。以人代先後爲倫，不依三藏之次，兼敍目錄新舊同異。」別錄「別分乘藏」，「曲分爲七：一有譯有本，二有譯無本，三支派別行，四刪署繇重，五拾遺補闕，六疑惑再詳，七僞邪亂正。就七門中，二乘區別，三藏殊科，具悉委由，兼明部屬。」（釋智昇《大唐開元釋教錄》卷一）七科之中，一、二兩目均屬創例，且條析類別，最爲精詳。一爲有譯有本錄，其異於諸錄者約分四端：即（1）、尋諸舊錄，皆以單譯爲先，今此錄中以重譯者居首。所以然者，重譯諸經，文義備足，名相指定，所以標初也。（2）、舊錄中直名重譯，今改名重單合譯者，以《大般若經》九會單本，七會重譯；《大寶積經》二十會單本，二十九會重譯，直云重譯，攝義不周，餘經例然，故名重單合譯也。（3）、舊錄之中，編比無次。今此錄中，大、小乘經，皆以部類編爲次第。小乘諸律，據本末而爲倫次。大乘諸論，以釋經者爲先，集解義者列之於後。小乘諸論，據有部次第，發智爲初，六足居次，毘婆沙等支派編末。聖賢集傳，內外兩分。大夏神州，東西有異。欲使科條各別，覽者易知。（4）、自古群錄皆將《摩得勒伽》、《善見論》等，編爲正毘奈耶藏。今者尋思恐將非當。此等并是分部已後，諸聖等依經贊述，非佛金口所宣，又非千聖結集。今之撰錄，分爲二例。初明五部正調伏藏，次明諸論奈耶眷屬。庶根條不雜，本末區分。二爲有譯無本錄，其旨說明「有譯無本者，謂三藏教文及聖賢集傳，名存本闕之類也。」「今者討求諸錄，備載遺亡。」仲容採其著錄「存」「佚」之法，以爲溫志之大例。

（2）存佚之外復依朱氏《經義考》之例，別著「闕」、「未見」

仲容先生《溫州經籍志·敍例》曰：「朱氏沿厥舊規，增成四目，存佚之外，有曰闕者，簡篇俄空，世無完帙也。有曰未見者，弆藏未絕，購覓則難也。四者昕分，實便檢斠。然存闕並憑目論，不慮譌舛，惟『未見』與『佚』，雖著錄有無，足爲左契，而時代遷易，未可刻舟。朱書之例，原始明代，逮于國初，志錄所收，若偶未見，並不注佚。今去朱氏幾二百年，上溯勝朝，尤爲遼邈。豈無瑋篇珍帙，晦而復顯。昔艱尋購，今則通行。而隱祕之書，湮沒已久，傳播殆絕，無事存疑。故此編未見之書，所據藏目，斷自昭代，明人所記，并入佚科。凡明時有刊本者，雖國朝諸目未經著錄，亦注「未見」。又黃氏《千頃堂書目》所收明人書至博，然多存虛目，不必眞有藏本，故雖時代匪遙，其不詳卷帙者，并注曰「佚」。更有書匪目覯，而傳帙確存者，如《四庫全書》庋儲天府，釋道兩家，各有專藏，釋書據雍正中藏經館所刊《龍藏彙記》，道書據明白雲霽《道藏目錄詳注》。不必經覽，即定爲存，分別觀之，是在鴻博。」

案：朱彝尊，字錫鬯，號竹垞，秀水人，仲容《溫志》嘗謂此書作意，遠軌鄱陽，近宗秀水。鄱陽即馬氏端臨，秀水者，指朱氏彝尊也。康熙三十年歸隱小長蘆，以近日譚經者局守一家之言，致先儒遺編失傳十九，因倣馬端臨《經籍考》之例而推廣之，著《經義考》三百卷。《經義考》序：「《經義考》初名《經義存亡考》，後以萊竹、聚樂、淡生、一齋，及同人所見世有其本者，列未見一門，又有雜見於諸書，或一卷或數條，列闕書一門，乃定名曰《經義攷》。先刻一百六十七卷，至乾隆中，盧雅雨爲補刻一百三十卷。」顧亭林嘗曰：「文章爾雅，吾不如朱錫鬯。」《四庫提要》著錄《經義考》，謂其博識多聞，學有根柢。毛奇齡謂其「非博極羣書，不能有此。」陳廷敬云：「以爲經先生之考定者，存者固森然其畢具，而佚者亦絕無穿鑿附會之端，則經義之存，又莫有盛於此時者。微竹垞博學深思，其孰克爲之？」。此書首錄御注、勅撰之書，以下分〈易〉、〈書〉、〈詩〉、〈周禮〉、〈儀禮〉、〈禮記〉、〈通禮〉、〈樂〉、〈春秋〉、〈論語〉、〈孝經〉、〈孟子〉、〈爾雅〉、〈羣經〉、〈四書〉、〈逸經〉、〈毖緯〉、〈擬經〉、〈承師〉、〈宣講〉、〈立學〉、〈刊石〉、〈書壁〉、〈鏤板〉、〈著錄〉、〈通說〉凡二十六類，末附〈家書〉、〈自序〉二篇。又欲爲《補遺》二卷，草稿麤定，即以次付梓。案：其中〈宣講〉、〈立學〉、〈家書〉、〈自序〉四門以及《補遺》，屬草未具，不幸遘疾，校刻逮半，鴻業未終。迄乾隆甲戌、乙亥間，盧雅雨、馬曰琯始捐貲刻板。是書以書名爲綱，先註歷代目錄所著卷數、著者，或注疏者之

姓名。旋又另行分注「存」、「佚」、「闕」或「未見」，繼而抄錄原書敍
跋，與古今著作論及該書之語，並依時代爲次。使讀之者有一卷在目，
而萬書畢從之感。故仲容取其大例，以爲《溫志》作者著述考徵之準
據，良有以也。

　　《溫州經籍志》所收一方作者之著述，既有一千六百六十五種之緐富：
則存、佚、闕、未見之目，究屬如何乎，茲總括全書，加以統計，並從四部
之例，編列如下：

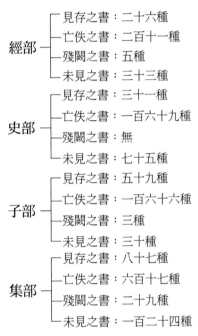

經部┬見存之書：二十六種
　　├亡佚之書：二百十一種
　　├殘闕之書：五種
　　└未見之書：三十三種

史部┬見存之書：三十一種
　　├亡佚之書：一百六十九種
　　├殘闕之書：無
　　└未見之書：七十五種

子部┬見存之書：五十九種
　　├亡佚之書：一百六十六種
　　├殘闕之書：三種
　　└未見之書：三十種

集部┬見存之書：八十七種
　　├亡佚之書：六百十七種
　　├殘闕之書：二十九種
　　└未見之書：一百二十四種

通計《溫志》所列四部，計見存之書二百零三種，亡佚之書一千一百六十三
種，殘闕之書三十七種，未見之書二百六十二種，則見存殘闕之書僅爲總書
之百分之三十，其他百分之七十均已亡佚或未見。故仲容先生曰：「著于錄者
一千三百餘家，所目見者十一而已。」（見《溫州經籍志・敍例》）夫學者終
老白屋，兀兀窮年，其生前手澤尚能殘存於兵災灰燼之餘者幾希矣！然而仲
容《溫志》成於早期，迨及暮年，感國家之衰亂，奮餘力於公益，其續收之
著述，可補苴《溫志》之未備者，想必甚夥。民國二十四年三月，徵君次子
延釗著〈瑞安孫氏玉海樓藏溫州鄉先哲遺書目錄〉〔註3〕跋云：「先祖太僕公，

生平殫心鄉邦文獻，每觀往哲遺書，或舊塹易精鏐，或孤鈔迻其副帙，廣討旁搜，不遺餘力，丹鉛點勘，老而猶勤。先考徵君公，紹承弓冶，志溫州經籍。乃有博訪奇觚之約，約後附刊當時收藏書目，著於錄者，百八十部。邇年延釗家居多暇，盡發玉海樓庋匧，見有關鄉梓文籍，別爲檢點，凡得四百六十二部，輒依類增編目錄，略加校注，自資省覽之便。蓋其書采獲於作約之後，或一書數本，而原目僅列其一者，於此罔弗具焉。」如以《溫志》殘存之書二百四十種，與孫氏此〈跋〉所謂之四百六十二部相較，則後出者幾溢出一半。如以孫氏所收〈玉海樓藏溫州鄉先哲遺書目錄〉，與《溫州經籍志》互勘，則《溫志》所注「存」、「佚」、「闕」、「未見」，出入相迕者甚多，以下就〈集部〉示例：

別集類

《浮沚集》

《溫志》爲《浮沚先生集》。十六卷，存八卷。闕。武英殿擺印重輯九卷本。

孫目爲《浮沚集》九卷三冊。宋永嘉周行己。閩重刊武英殿聚珍版本。太僕公以杭本校過手跋於卷尾而各冊中復有評注及徵君公校語。

《青華集》

《溫志》爲《青華集》二卷。佚。

孫目爲《青華集》三冊。元平陽史伯璿，舊鈔本，《平陽新志·經籍志》於卷首序文及冊中所錄詩文加以考辨。

《柏泉集》

《溫志》不著錄。

孫目有《柏泉集》二卷一冊。明鈔本。又《柏泉集》二卷一冊，鈔本。兩種。

《卓忠毅公遺稿》

《溫志》注曰未見。

孫目《卓忠毅公遺稿》三卷一冊。明瑞安卓敬。鈔本。又一冊。瑞安林従炯編刊本。

《志》、《目》相較，不僅「存」、「佚」、「闕」、「未見」，有顯著懸殊；即卷帙、冊數、書名，亦間有差舛，據孫延釗氏之統計，該目所收名貴版本，如明刊

本三十二種，明寫本二種，鈔本二百十種，手稿本十種，傳鈔本一種，日本刊本一種，一家之蓄儲，其豐贍有如此者。

（三）作者方面

（1）依彭城《史通》之例於作者重斷限

仲容先生《溫州經籍志》曰：「彭城《史通》首論斷限。地志書目，蓋亦宜然。」

　　案：劉子玄知幾撰《史通》二十卷，八萬二千三百五十二言，書成於三入東觀，再典史職之時。《史通・序錄》云：「長安二年，余以著作佐郎兼修國史，尋遷左史，於門下撰起居注。會轉中書舍人，暫停史任，俄兼領其職。今上即位，除著作郎、太子中允、率更令，其兼修史皆如故。又屬大駕還京，以留後在東都。無幾，驛徵入京，專知史事，仍遷秘書少監。自惟歷事二主，從官兩京，遍居司籍之曹，久處載言之職。昔馬融三入東觀，漢代稱榮；張華再典史官，晉朝稱美。嗟予小子，兼而有之。是用職司其憂，不遑啓處。」其書序體法、明典要，爲作史者準繩。〔註4〕內篇第四卷〈斷限十二〉云：「書之立約，其來尚矣。如尼父之定《虞書》也，以舜爲始，而云：粵若稽古帝堯。丘明之傳魯史也，以隱爲先，而云：惠公元妃孟子。此皆正其疆里，開其首端。因有沿革，遂相交互，事勢當然，非爲濫軼也。過此已往，可謂狂簡不知所裁者焉。」故其以《漢書》立表，起乎司馬，而《史記》以史制名，《班書》持漢標目。《漢書》紀十二帝之時，有限斯極，但其表志所錄，乃盡犧皇，是若膠柱調瑟，不亦繆歟！是以子玄云：「夫能明彼斷限，定其折中。」可謂達作者之致矣。仲容取《史通》爲史斷限之義，作進退作者之據，博採周咨，體例至嚴。

（2）依朱氏《經義考》之例，凡所標揭，均以氏繫名

仲容先生《溫州經籍志・敍例》曰：「兩漢經儒，學有命氏。劉班所載，師法焯然。朱《考》凡所標揭，以氏繫名。例雖創立，意則同貫。」

（3）書之作者，其排列順序，依朱氏之例，以時代爲先後。同代之作者，並據科第或生卒年月爲排比

仲容先生《溫州經籍志・敍例》曰：「此編所紀，不盡詁經之書，竊取敬

〔註4〕明長洲張鼎思〈續校史通序〉語。

鄉之義，故所稱述，並沿朱例。至朱《考》薈粹群書，雖區世代，然不標明，易滋淆舛。今各加識別，俾尋覽瞭如。一代之人，或有先後，則并據科第、生卒之年，畧爲排比。《千頃堂書目》別集一類，悉以科第先後分別著錄，然鄉解與會試錯出無緒，遂多重覆。今悉依舉人題名爲次，庶可較若畫一。至雍正《通志》及萬曆、乾隆二《府志》選舉一門，科榜先後，每多乖異，則并依萬曆《府志》爲正。諸貢及無科第者，并約其時代附於其後。」

（4）書之作者，爲義士隱民，身遭易姓，苟節崇肥遯，則遵《四庫總目》之例，仍繫故朝

仲容先生〈溫州經籍志敘例〉曰：「其有義士逸民，身遭易姓，苟節崇肥遯，則仍繫故朝，若宋林景熙、元朱希晦之類。謹遵《四庫總目》例也。至于姓氏久湮，事實不著者，則附一代之末，用俟考定，再爲敘次。」

案：《溫州經籍志》之取材，上自唐宋，下迄嘉、道，以時代爲序，同代之作者，復以科第或生卒年月爲次。如〈經部・易類〉。首錄「宋」，次爲「鮑氏極《周易重注》」，再「周氏行己《易講義》」，又次「何氏逢原《周易解說》」。次錄「元」，元代之內，首附「葉氏葵《易學精微》」，次「陳氏至《易傳》」。再錄「明」，明以下著「劉氏南金《周易集說》」，「張氏著《易經精義》」，「張氏謙《易本義集說》」。繼而錄「國朝」，國朝之中，首著「王氏祚昌《周易敝書》」，次列「史氏尊朱《讀易淺解》」，「周氏天錫《周易本義翼》。」其序次至爲明晰，有朱氏《經義考》之長，而袪其短，亦仲容採他人之菁華，防一切之流弊也。

（四）敘跋方面

（1）依馬氏《通考》，朱氏《經義》之例，篇題之下，臂迻敘跋，目錄之外，采證群書

仲容先生《溫州經籍志・敘例》曰：「中壘校書，是有《別錄》，釋名辨類，厥體綦詳。後世公私書錄，率有解題。自汴宋之《崇文》，逮熙朝之《四庫》，目誦所及，殆數十家，大都繁簡攸殊，而軌轍不異。至於篇題之下，臂迻敘跋，目錄之外，采證群書，《通考》經籍一門實創茲例。朱氏《經義考》祖述馬書，益恢郛郭。觀其擇撢群藝，研覈臧否，信校讐之總匯，考鏡之淵藪也。此書之作，意存晐備，故輒遠軌鄱陽，近宗秀水，庶廣甄錄，用備考稽。」

案：古者目錄家之書，自撰敍錄而已，未逐錄他人之序跋也。惟釋藏中之梁釋僧祐《出三藏記集》十五卷，自卷六至卷十二，皆錄各經典序文。其自序內容體例云：「一撰緣記，二銓名錄，三總經序，四述列傳。緣記撰則原始之本克昭，名錄銓則年代之目不墜，經序總則勝集之時足徵，列傳述則伊人之風可見。」其後道宣、智昇皆用其例，〔註5〕間錄作者自序。至元馬端臨《文獻通考經籍考》，始全採前人之書，自爲之說者甚少。自《崇文總目》、晁、陳書目外，時從文集及本書抄錄序跋，並於雜家筆記摘出論辨。間有書亡而序存者，亦爲錄入，凡書名下無卷數者皆是也。〔註6〕馬書爲例雖嫌駁雜，但於學者頗爲有益。如李燾之《文簡集》已亡，《通考》採其序跋三十三首，考證精塙，遠出晁、陳二氏之上。以後清之朱竹垞氏《經義考》全用其體。惟謹攷經義，所收猶不至於濫，余嘉錫《目錄學發微》云：「宋以後人所作書序，好借題發揮，橫空起議，而以古文家爲尤甚，徒溷篇章，無關學術。若推廣朱氏之例於四部，則文人應酬之作，書估牌記之咨，並將登錄。論文則文以載道，談詩則窮而後工，刻板則校對無訛，專利則翻刻必究，連編累牘，令人望而生厭，所貴刪削繁文，屏除套語也。」仲容兼採二家，可謂善於取法。

（2）凡敍跋之文，據本書甄錄者，既備載全文，則仿張金吾《愛日精廬藏書志》之例，故不復冠以某某敍跋之題。凡敍跋文字，從它書採入者，并依朱《攷》於文首揭著某某敍跋

仲容先生《溫州經籍志・敍例》曰：「敍跋之文，雅俗雜糅。宋元古帙，傳播浸希，自非繆悠，悉付掌錄。明氏以來，畧區存汰。大氐原流綜悉，有資考校，義旨閎眇，足共誦覽，凡此二者，並爲捃采。或有瞀士劗剽，雅馴既少，書林衒鬻，題綴猥多，則僅存凡目，用歸簡要。張氏《藏書志》于智見之書序跋，皆僅存目，今畧仿其例。若篇帙既亡，孤文僅在，則縱有疵纇，不廢逐謄。復以馬、朱兩《考》，凡錄舊文，不詳典據，沾省塗竄，每異本書，偶涉讐勘，輒滋岐牾。今亦依張《志》之例，凡舊編具在者，並逐寫元文，不削一字，年月繫銜，亦仍其舊。」

案：仲容之錄敍跋，宋、元以前之古籍，傳播浸希，欲廣閱覽，有敍必錄。

〔註5〕分見唐釋道宣撰之《大唐內典錄》，與唐釋智昇撰之《開元釋教錄》。
〔註6〕近人余嘉錫著《目錄學發微》，於〈目錄書之體例〉四中詳其「既不完備，且亦不可勝採，頗近爲例不純。」

明、清以後，書多經見，如非有資考鏡，義旨宏眇之作，概當割愛。凡登錄者，一律迻鈔原作，不削一字，並注明出處，俾學者知所準據。其搜求之廣博，擇善之謹嚴，體例之創新，治學之膽識，每於此處見其風度。

敘跋之著錄既有兩類，則不舉實例，難覘其全，。以下就《溫州經籍志》所列，其尤為明顯者，分別證之：

經部　書類

陳氏鵬飛**《陳博士書解》　三十卷　佚**

《文獻通考》一百七十七，引《中興藝文志》：紹興時太學始建，陳鵬飛為博士，發明理學，為《陳博士書解》。

《直齋書錄解題》二：《陳博士書解》三十卷，禮部郎中永嘉陳鵬飛少南撰。……（文長不錄）

葉適〈陳少南墓志銘〉：少南自為布衣，以經術文辭名當世。教學諸生數百人，其於經不為章句新說，至君父人倫、世變風俗之際，必反覆詳至而趨於深厚。今世所刊日《詩書傳》者是也。（《水心文集》十三）

時瀾〈尚書解序〉：《書》說之行於世，無慮數十家，其中顯著者，不過河南程氏、眉山蘇氏與夫陳氏少南、林氏少穎、張氏子韶而已。然程氏溫而邃，蘇氏奇而當，陳氏簡而明，林氏博而贍，張氏該而華，皆近世學者之所酷嗜。

陳氏《書解》自「佚」，則原作、原序決不可覩，特旁搜博稽，得《文獻通考》一百七十七引《中興藝文志》、《直齋書錄解題》二，以及葉水心〈陳少南墓志銘〉、時瀾〈尚書解序〉。皆所謂從它書採入者，並依朱《考》於文首揭著某某敘跋。

經部　易類

朱氏元升**《三易備遺》　十卷　存**

〈中書省照箚中書省送到朝請郎新除直祕閣兩浙東路提案刑獄公事家鉉翁狀〉：鉉翁竊惟義理之學，托象數而傳者也。……鉉翁將指於粵，始識其人，是用冒犯斧鉞之誅，僭以元昇所學，上徹於朝，仰祈萬一之采錄。除已具錄奏聞，乞特賜甄擢，收之冗散之役，處之

校讐之任，使海內學士，知以象數爲學，……咸淳八年六月日。」
（鉉翁奏章中段太長省畧）

《周禮》春官掌《三易》，一曰《連山》，二曰《歸藏》，三曰《周易》。……
則知孔子、周公之心與文王、黃帝、伏羲之心；知孔子、周公與文
王、黃帝、伏羲之心，則知天之心。咸淳庚午冬至，朱元昇序。（中
段文長不備錄）

自昔聖智開物，必有爲之先者。聖人有作，天不愛其道，發祥闡靈，
無復隱祕。……竊窺其概，後死不佞，序焉敢辭？起予名士可，世登
右科，起潛名士立。癸巳臘月朔，林千之能一序。（中段文長不備錄）

《連山》，包犧先天易也；《歸藏》，黃帝中天易也；《周易》，西北後
天易也。是《三易》也，皆遇孔聖，皆脫秦火，皆厄漢九師也。……
《易》之晦也、明也、有時也，人焉得而已諸？時元貞乙未立春日，
男士立百拜謹誌。（中段文長不備錄）

《周禮・太卜》：「掌《三易》之法，一曰《連山》、二曰《歸藏》、
三曰《周易》。其經卦皆八，其別皆六十有四。」……其子士可、士
立先後補成，乞序於同邑林千之以傳之。父子用心於是書可謂勤矣。
日華名元昇，溫之平陽人。士可登開慶己未武科；千之字能一，舉
寶祐癸丑進士，官編修。林霽山贈之以詩，有「大雅凋零尚此翁」
句，蓋宋之遺老也。康熙丙辰納蘭成德容若序。通志堂刊本〈序〉（中
段文長不備錄）

黃虞稷《千頃堂書目》一：朱元昇《三易備遺》十卷。……《宋史藝
文志補》與此略同而不及此之詳，今不錄。

《四庫全書總目》三：《三易備遺》十卷……。

翁方綱《通志堂經解目錄》：《三易備遺》……。

全祖望《補宋元學案》七十八……。

張惠言〈讀三易備遺〉……《易圖條辨》。

　　朱氏元昇《三易備遺》，書爲現存，學者經眼即知其全，故仲容錄其敍跋，
若鉉翁〈奏章〉、朱氏〈自序〉、林能一〈序〉、元昇子朱士立〈誌〉，納蘭成
德〈通志堂刊本序〉，皆朱書所固有，是以綴錄各敍，不復冠以某某敍跋之

題。至於黃氏《千頃堂書目》一、《四庫全書總目》二、翁氏《通志堂經解目錄》三、全氏《補宋元學案》七十八、張惠言〈讀三易備遺〉，又均從它書採入，故文首揭著某某敍跋字樣，體例至為明確，兼有馬、朱兩《考》之長。

集部　別集類

張氏孚敬《太師張文忠公集》　十九卷　存。

國家諡法……後學李維楨撰。

洪維世宗肅皇帝入嗣大統……徐栻謹撰。

永嘉張文忠公，遇主甚奇……楊鶴謹題。

張文忠公當肅皇帝朝，以言禮稱上意……丘應和頓首撰。

夫常人而常事也則世共安之。……李思誠頓首拜撰。

張文忠公舊有《諭對錄》，……同邑後學劉康祉拜手謹撰題。《文稿後序》

先太師奏疏，在日已刻傳布海內矣。……孫汝紀薰沐拜手謹書。《奏疏跋》。

先太師舞象時輒能詩，口占立就，……孫汝紀薰沐拜手謹書。《詩稿續跋》

夫建非常之業者，必有非常之識與非常之才，而後發一議，成一書，卓然不磨，度越千古，非曲學腐儒所能窺見也。……陳鍾麟頓首拜撰。永嘉張氏單刊《文集》六卷本，卷端敍

楊鶴序。萬曆甲寅明刊本卷端，與《諭對錄》序文同，字句小異。不錄。

張一愼跋。永嘉張氏單刊本《文集》六卷本，卷末。不錄。

《四庫全書總目》一百七十六：《張文忠集》十九卷……。

張氏孚敬《太師張文忠公集》，仲容所綴敍文，自本書錄入者有李維楨、徐栻、楊鶴、丘應和、李思誠、劉康祉、張汝紀三跋、陳鍾麟等十篇。從它書甄錄者即楊鶴序、張一愼跋與《四庫總目提要》三篇。其楊鶴序因與〈諭對錄〉序文同，不錄，張跋亦不錄。其所以不錄者，或由雅訓既少，無資考校，故董存凡目，用歸簡當也。

　　（3）凡辨證本書之語，朱《考》概標某曰，尤為疏畧。今依謝啟昆

《小學考》之例，直冠以書名，用懲臆造

仲容先生《溫州經籍志‧敍例》曰：「至于辨證之語，刺劉叢殘，實難稽核，朱《考》概標某曰，尤爲疏畧。今則直冠書名，用懲臆造。謝啓昆《小學考》已有此例，特此書名下兼及卷數，與彼小異耳。」

案：乾隆六十年，謝啓昆采杭州文瀾閣之藏書爲《小學考》，以補朱氏《經義考》止詳《爾雅》，未及《說文》之弊。嘉慶三年，再官浙江，更理前業，復延陳鱣、胡虔任其事，越五年刊成五十卷。其書首錄清朝奉敕撰著之書。此外別分四類：（1）訓詁、（2）文字、（3）聲韻、（4）音義，謝氏以爲「訓詁、文字、聲韻者體也。音義者用也。體用具而後小學全焉。」仲容懲朱氏《經義考》之疏，補謝氏之遺，於辨證本書之語，直冠書名，用明根柢，可謂觀瀾索源，得其環中矣。

茲錄仲容書中實例，使學者望形玩味，以得其全也。如

經部　詩類

薛氏季宣《詩性情說》　佚

《困學紀聞》三：太史公云「周道缺而〈關雎〉作」。薛士龍曰：〈關雎〉作刺之說，是賦其詩者。」

春秋類

薛氏季宣《指要》　二卷　佚

《朱子語類》八十三：薛常州解《春秋》，不知如何率意如此。只是幾日成此文字……。

《困學紀聞》六：薛士龍《春秋旨要‧序》謂：「先王之制，諸侯無史，……。」

虞集《道園學古錄》三十四：六經之傳注，得以脫畧凡近，直造精微。如薛常州《春秋》等書，實傳注之所不可及，而足以發明於遺經者也。

趙汸《春秋左氏傳補注》一：薛氏謂「魯曆改冬爲春」，而陳氏用其說於《後傳》曰：以夏時冠周月，魯史也……。

上列薛常州二著，書後所附《困學紀聞》三、《朱子語類》八十三、《困學紀聞》六、《道園學古錄》三十四、《春秋左氏傳補注》一，皆屬辨證本書，評

騖得失之論。仲容取而附之各書敍跋之後。此等評語，不僅直冠書名，並兼及卷帙、作者，俾後之覽者知所出處，用懲臆造也。

三、孫氏著《溫州經籍志》之創例

（一）凡于見存之書，標題卷數，悉遵舊本。其有新刊重定，篇第差互者，附注下方之例

仲容先生《溫州經籍志·敍例》曰：「古書流傳浸遠，遞更鈔梓，名淆于屢刻，卷異于重編。苟不辨其原流，將至展卷茫昧。此志于見存之書，標題卷數，悉遵舊本，其有新刊重定，篇第差互，則附注下方，使先後昭晰，優劣粲然。」

案：先生此例，即在考訂卷帙。因書有原刻可見，固應遵原刻卷帙著錄，不容增削。如原刻未覯，新槧在目，篇第有異，卷帙不同，自當考鑑初本，最錄新編。茲舉例證，用知仲容珍視先賢手澤之至意也。

經部 易類

戴氏溪《易總說》 二卷 佚

《直齋書錄解題》一、《文獻通考》一百七十六、《宋史·藝文志》一、《授經圖·易》四、《經義考》三十二。

朱氏元昇《三易備遺》 十卷 存

黃虞稷《千頃堂書目》一、倪燦《宋史藝文志補》、《四庫全書總目》三。

史部 編年類

陳氏傅良《建隆篇》 一卷 佚

《直齋書錄解題》四、《文獻通考》一百九十三、《宋史·藝文志》二、《國史經籍志》三、《讀書附志》上、《玉海》四十七並作「十卷」。

襍史類

王氏致遠《開禧德安守城錄》 一卷 存

乾隆《永嘉縣志》二十三、萬曆《溫州府志》十七、雍正《浙江通志》二百四十三並無卷數。

案：仲容書竟案語中，於各書卷帙亦間涉考訂，如〈史部、編年類〉陳傅良《建隆篇》，案語曰：

其卷數諸目所載，或作一卷，或作十卷。原書今既不存，無可校覈，
蔡氏〈行狀〉、曾氏〈止齋集敘〉及陳《錄》、宋《志》，並云一卷，
今姑從之。

（二）凡亡編逸籍，敘錄多歧，媕易分并，尤難鉤覈。今則據舊目以朔厥初，證群籍以廣異名之例

案此例在徵書名也。書之命名，本於作者。因代久年淹，屢被翻刻，經
好事改竄者多有之。故仲容博搜幽眇，互相核稽，發其伏而摘其奸，據舊目
以溯厥初。以下援實例以明之：

經部　　詩類

戴氏溪《續呂氏家塾讀詩記》　三卷　闕

《直齋書錄解題》二、《文獻通考》一百七十九并作《岷隱續讀詩記》。
《授經圖・詩》四、《經義考》一百八并作《續讀詩紀》。萬曆《溫
州府志》十七作《續詩記》。今從《四庫全書總目》十五。

史部　　政書類

錢氏文子《補漢兵志》　一卷　存

《直齋書錄解題》十二，《文獻通考》二百二十一作《補漢兵制》，
誤。今從《宋史・藝文志》六。

子部　　儒家類

葉氏適《荀揚問答》　佚

《千頃堂書目》十一作葉適《荀陽問答外編》、《宋史藝文志補》又
作《外稾》，並誤。今從萬曆《溫州府志》十七。

葉氏《荀揚問答》，仲容於後案中復有詳考。如：

案：葉水心《荀揚問答》，《宋藝文志補》作《外稾》，雍正《浙江通
志》及乾隆《溫州府志》、嘉慶《瑞安縣志》并因之。考《直齋書錄
解題》，載《水心別集》有《外稾》六卷，其書今存。詳二十一卷，《水
心先生別集》下。檢其篇第，無所謂《荀揚問答》者，疑諸目或因它書
敘水心撰述，以《問答》、《外稾》牽連并列，遂誤合爲一書。惟萬
曆《溫州府志・藝文門》以《荀揚問答》著錄，蓋得其實，今從之。
水心《習學記言》四十二論二子甚詳，雖無《問答》之語，然其大
旨可見也。

仲容先生將《荀揚問答》之於歷代史志、書目著錄情形，與《問答》、《外

槖》二書誤合原因，考訂至精，足資參證。

（三）凡於書之作者，斷限特嚴。大抵自內出者，錄父而刪子，自外入者，錄子而闕父之例

仲容先生《溫州經籍志・敍例》曰：「郡邑之人，遷徙無常。父子之間，籍貫頓異。如不有畛域，則一卷之中，人殊燕越，體例蕪雜，不足取信。此編所收文籍，區別特嚴。大抵自內出者，錄父而刪子。如經部錄葉味道《儀禮解》，而子部不錄葉采《近思錄注》之類。以父尙溫產，子則異籍也。自外入者，錄子而缺父。如集部錄徐璣《二薇亭詩》，而經部不錄徐定《春秋解》之類。以子已土著，父猶寓公也。」

> 案：葉味道《儀禮解》、徐璣《二薇亭集》，分見於經部、集部，茲錄其內容以見其詳。

經部　禮類

葉氏味道**《儀禮解》**　二卷　佚

案：葉文修《儀禮解》，明時尙存，今則已無傳本矣。南宋初治《儀禮》者，莫如張忠父。文修爲忠父子甥，《朱子語類》八十四，載葉賀孫錄云：「因問張舅淳，聞其已死，再三稱嘆，且詢其子孫能守其家學否？且云：可惜朝廷不擧用之使典禮儀。」是葉是張之甥也。其禮學當亦傳之忠父者。

子部　別集類

徐氏璣**《集》**　二卷　闕

《泉山詩稿》　一卷　佚

《二薇亭集》　一卷　存

案：徐長泰璣，雍正《浙江通志》、乾隆《溫州府志》、乾隆《永嘉縣志・文苑傳》並有傳。《書錄解題》載其集二卷，余家所藏《永嘉四靈詩》本僅存上卷，以校顧刻《二薇亭集》，得遺詩五十九篇。又顧本有而此缺者三十九篇，互相苢補，共存詩一百六十三篇，所佚蓋不多矣。四靈詩派出於晚唐，故最工律句，而他體則不甚壇場。（以下文長不備載）

仲容所謂《二薇亭詩》，蓋指「徐氏璣《集》與《二薇亭集》」言，徐氏爲永嘉四靈之一，其書之存於世間者，據仲容《溫志》知有三種，而或闕或佚，惟《二薇亭集》幸存也。

（四）凡偽作新編，嫁名前哲，研究既難，採擇宜審。其有書非襲舊，人實傳疑，則姑為綴錄，以俟參定之例

仲容先生《溫州經籍志·敍例》曰：「至如偽作新編，嫁名前哲，研究既難，采錄宜審。今凡遇鈔逤舊籍，確有主名，如鄭景望《蒙齋筆談》即鈔葉夢得《巖下放言》偽作之類。并搜厥根荄，概從芟叐。其有書非襲舊，人實傳疑，如《周禮詳說》題王十朋之類。則始爲綴錄，以俟參定。凡此諸類，舊存今削者，更加疏證，別爲《辨誤》。庶知刊劃有由，異于逞臆棄取其郡縣志未載，而它書誤題溫州人者，亦附辨之。恐後人不考，誤據以補入也。」

案：此即辨偽之例。書之有偽，蓋有九因，（1）憚於自名，如魏泰作《志怪記》、《括異志》、《倦遊錄》以誣衊前人，故不敢自名。如作《補江總白猿傳》以謗歐陽詢者，亦不敢自名。（2）恥於自名，如和凝少時作《香奩集》，後貴盛故嫁名韓偓。（3）假重於人，如王銍之《龍城錄》嫁名柳宗元，《杜解》假重蘇軾之名。（4）惡其人偽以禍之，如李德裕門人偽撰《周秦行紀》以搆牛奇章。（5）惡其人偽以誣之，如魏泰假名張師正作《志怪集》、《括異志》、《倦遊錄》，私喜怒以誣衊前人。假梅聖俞名作《碧雲騢》，議及范仲淹。（6）爲爭勝，如王肅爲求勝鄭玄之說，偽造《家語》以爲根據。（7）爲牟利貪賞，如張霸之《百兩篇》，劉炫之《連山》，梅賾之《古文尚書》應詔入獻，以求祿利也。（8）因好事而故作，如張湛之造《列子》，並造其書之由來。明豐坊姚士粦專好造偽書。（9）爲求名。以上八種，皆以己作爲人作，如郭象、宋齊丘、何德盛竊人作爲己作，則爲一己求名也。仲容於偽作新編，嫁名往哲者，不僅搜厥根荄，概從芟叐，更加疏證，專列〈辨誤〉一卷，茲將其〈辨誤〉卷中，所開細目錄下，並援考辨之語，以見其刊劃有由，非呈肊棄取也。

經部

葉適《周易述釋》一卷。誤與袁聘儒《述釋》、葉氏《易說》分，《宋志》首誤，他書即沿《宋志》而偽。

王十朋《泰誓論》一篇。文止一篇，書非單行，朱《考》誤分，遂著錄相沿致偽。

史造《尚書講義》二十二卷。史爲鄞縣人，與溫州無涉，《府志》誤

收。

蔣允汶《尚書通考》。蔣氏本貫青田，流寓永嘉，所著書即不宜收入此志。

何逢原《詩通旨》。逢原乃宋末嚴州人，與永嘉何希深姓名偶同，《府志》誤認爲一人，故今刪之。

俞德鄰《佩韋齋輯聞詩說》一卷。俞氏之先居溫之平陽，大父某爲盧江令，始遷鎮江，德鄰鄉貢進士。據此是德鄰時已爲鎮江人，故《溫志》不宜收其著述。

鄭伯謙《周禮類例義斷》二卷。秦蕙田氏因《宋史·藝文志》而誤收。

林椅《周禮綱目》。林氏乃括蒼人，《溫志》不宜收。

侯一元〈深衣辨〉一篇。〈深衣辨〉一篇已見《二谷集》，《經義考》析出著錄，故不重收。

王與之《祭鼎儀範》六卷。王與之乃北宋亳州道士，《樂清縣志》誤以爲即王東巖。今刪之。

薛季宣《伊洛遺禮》、《伊洛禮書補亡》。陳傅良《伊洛遺禮》、《伊洛禮書補亡》。二書據陳亮《龍川集》十四，爲亮所撰，舊志誤收，今刪。

陳傅良《高士送終禮》。史志書目，並未著錄。《續文獻通考》雖收入，惟此書違舛甚夥，不可信。

呂大圭《春秋傳或問五論》。呂氏爲福建南安人，程端學《春秋本義》誤以爲永嘉呂氏，迨不考之誤也。

徐定《春秋解》十二卷。據葉水心〈徐德操墓志銘〉，知徐氏爲泉州晉江人，寓永嘉。此志於僑寓名賢未入土著者，例不收錄。

孔克表《春秋本末》三十卷。據《明史·志》，此書乃洪武中懿文太子命宮臣傅藻等編。後人誤題孔名，今不補入。

孔克表《羣經類要》。案宋濂《朝京稿》三，書爲克表、林溫、劉基同奉詔編纂。不得專屬之克表。

陳傅良《經筵孟子講義》。已見《止齋文集》二十八，並非單行，《經

義考》誤分，今刪之。

劉黻《中庸大學說》二篇。此篇朱竹垞所見足本《蒙川集》有之，
　　文非單行，故刪之。

劉黻《中庸就正錄》，據萬斯同《儒林宗派》十載朱子門人有劉黻者，
　　曰廬陵人，其姓名與忠肅偶同，故志書誤入，今刪之。

劉黻《格物說》一卷。因是書不見於《宋史》本傳及《遺稿鈙》，疑
　　亦廬陵劉靜春作。

呂溥《大學疑問》。呂洙《大學辨疑》。據雍正《浙江通志》一百七
　　十六，呂氏兄弟爲永康人，《千頃堂書目》誤康爲嘉，故志書遂誤
　　收。

蔣允汶《大學章旨》、《中庸詳說》、《四書纂類》。辨見前《尚書通考》
　　下。

潘翼《爾雅釋》、《韵補》。潘處士翼，其先青田，聚徒於樂清之鹿巖，
　　既久，因家焉。時尚爲寓公，例不收錄。

史部

戴仔〈非國語辨〉。非單行著述，故刪。

楊譓《素王通史》。據楊維楨序：楊樵《崑山郡志》云，知其本浦城
　　人，後徙崑山，與平陽之楊譓字克明者不同。舊志誤收，殊誤。

陳謙〈謝修撰墓誌〉，文非著述，又不單行，故刪。

項喬《董子故里志》六卷，據《天一閣書目》二之一，與項氏《甌
　　東私錄》二，知書爲景州守李廷寶作，舊志誤入項氏，殊爲失考。

陳鳴鶴《東越文苑傳》六卷。據《四庫總目》六十二，書實福建侯
　　官陳鳴鶴撰，明永嘉歲貢亦有陳鳴鶴，但絕非一人，舊志並誤。

孔鐸《昆陽孔氏世譜》。蔡立身《上蔡宗譜》。上二譜，依本志義例，
　　不收。

陳時敏《溫曆》。《溫曆》如今世間通行之曆年選擇書，不足以當著
　　述，舊志收之，殊誤。

潘翼《九域賦》。辨見前《爾雅釋》、《韵補》下。

無名氏《甌閩傳》一卷。古之甌越，統今浙東台、溫、處三府，南

極閩廣，其地不僅溫州一府，故不收。

張叔椿《建安志》二十四卷。案：《直齋書錄解題》八，此志實林光所撰，舊志失考。

陳傅良《長樂志》四十卷。據《直齋書錄解題》八，此志本清源梁克家叔子撰，舊志誤收。

陳峴《清湘志》六卷。案《直齋書錄解題》八，此志乃南倅教授林瀛所修，舊志誤題，殊非。

林裴《桐汭新志》。據《直齋書錄解題》八，此志爲教授錢塘趙子直撰，太守林裴序。舊志收錄，乃不考之誤。

項公澤《玉峯志》。據此志傳鈔本，卷耑題陽羨凌萬頃、陳留邊實撰，公澤特爲刊布耳。

楊譓《帝王圖辨》。辨見前《素王通史》下。

何文淵《牧民備用》三卷。案何文淵江西廣昌人，書蓋其知溫州時所作，志乘不宜載入。

子部

袁采《袁氏世範》。案《衢州府志》，采爲信安人，嘗宰樂清，是編意在訓俗，非地理之書，舊志收之，殊誤。

林武《朱子語錄》。包定《池州語錄》。據黎靖德編《朱子語類》，卷首列記永嘉弟子，並無林武、包定之名。二書皆不足信，今刪之。

史浩《童丱須知》三卷。辨語見前經部《尚書講義》下。

劉黻〈太極説〉一篇。辨見前經部《中庸大學説》下。

戴亨《近思錄補注》。據金賁亨《台學源流》六，知亨本台州臨海人，與溫州無涉，刪之。

陳茂烈《克省錄》、《靜思錄》。據《明史》本傳，列爲莆田人，不云瑞安，舊志收入，殊誤。

陳傅良《備邊十策》。案此書爲蔡文懿作，《續文獻通考》誤爲止齋著述，誤。

戴溪《會稽兵家術》。此亦王氏《續文獻通考》誤收，按《宋志》，是書不著撰人也。

虞搏《方脈發蒙》六卷。據《千頃堂書目》十四，虞氏乃金華義烏人，舊志不考誤入。

潘翼《星圖證驗》。辨見前《爾雅釋》、《韵補》。

陶弘景《刀劍錄》，據《南史・隱逸傳》陶爲丹陽秣陵人，以嘗寓瑞安，故縣志誤收。

鄭景望《蒙齋筆談》。案《四庫全書總目》一百二十七，考其書乃全錄葉夢得《嚴下放言》之文，且景望係湘山人，故刪之。

周達觀《誠齋雜記》二卷。據《四庫全書總目》一百三十一，考書本林坤撰，前附周氏〈序〉，舊志誤以達觀作，實謬。

楊譓《姓氏通辨》。辨見前《素王通史》下。

孫希旦《校訂玉海》二百卷。據家大人〈敬軒先生行述〉，府志誤收。

釋有旗《重編天台諸文類集》十二卷。據雍正《浙江通志》二百四十六，書實四明釋如吉作，有旗特爲作序耳。

釋啓元《太初語錄》。案乾隆《溫州府志・仙釋傳》，作「啓原」，云日本人，吳元年航海入中國，洪武丙寅入安固，抵石山，遂駐錫焉。元既倭產，舊志入錄，殊誤。

釋並學《三境圖論》。據雍正《浙江通志》二百四十六，並學爲台州人，舊志收其著述，殊誤。

釋超智《語錄》一卷。據嘉慶《瑞安縣志・仙釋》引王錫琯〈天目塔銘〉，智爲松江青浦人，其著述不宜收入。

陶弘景《眞誥》二十卷。辨見前《刀劍錄》下。

集部

崔道融《東浮集》。按乾隆《溫州府志・寓賢傳》，融本荆南人，與溫州無涉，府志收之，殊誤。

倪濤《玉溪集》二十二卷。據《宋史・文苑傳》六，其父已徙廣德，至濤久爲土著。《書錄解題》題永嘉者，其舊貫耳。

胡寏《六檜堂集》。據《愼江文徵》三十三，知此爲胡鏞所紀〈作堂始末〉及後人題咏之詩文，非滁州遺集也。

林湜《盤隱類稾》十卷。據葉適〈林公墓誌銘〉，公本福建長谿人，

晚居平陽，其書不宜收入本志。

黃希聲《看雲詩》。按《宋詩紀事》，黃氏本盱江人，《東甌詩存》據
錄，誤。

俞德鄰《佩韋齋文集》十六卷。辨見前《佩韋齋輯聞詩說》下。

盧摯《疎齋集》。據《元詩選三集》乙，盧疎齋乃涿郡人。

周頤眞《洞浮老人集》。案周道士頤眞，籍貫爲閩福清人，至元丙子
始徙永嘉，例不當收。

張昌《存齋文集》一卷，案《千頃堂書目》十七，昌爲山西臨汾人，
舊志誤收，殊爲失考。

陳雷《龕庵集》。案《列朝詩集·甲集·前編》十，雷嘉興人，《溫
志》不宜收其著述。

蔣允汶《蒼巖先生文集》。辨見前《尚書通考》下

季復初《月泉稿》。據府、縣志載，復初本衢州龍游人，避兵遷瑞安，
例不收其著述。

鮑原弘《恕庵集》。案朱希晦《雲松巢集》，卷首載原弘〈敍〉，自題
天台人，故不收其著述。

高遜志《嗇庵遺稿》。據府、縣志〈寓賢傳〉載其爲蕭縣人，徙嘉興，
靖難後，死永嘉山中。例不入志。

鄭滁《直正齋集》。據《東甌詩存》七，鄭氏爲黃巖人。

姚汝循《錦石山齋集》二十四卷。據《千頃堂書目》二十四，汝循
爲上元人，大名知府，遷嘉州知州。舊志誤以爲永嘉人，殊誤。

（五）凡剟緝藝文，別裁宜審，故搜羅務廣，甄擇至嚴，制舉傳奇兩門，雖古帙流傳，輒從刪汰之例

仲容先生《溫州經籍志·敍例》曰：「祿利興而經義濫，風俗敝而小說滋，剟緝藝文，別裁宜審。而《千頃書目》附制舉于總集，《百川書志》入傳奇于別史，榛楛勿剪，宏達所嗤。此編蒐羅務廣，甄擇特嚴，凡此兩門，雖古帙流傳，輒從刪汰。若高明《琵琶記》、項喬《義則》、劉康祉《四書孤嶼艸》之類，今竝不收。」

案：先生爲《溫志》，於作者之限斷極嚴，於著述之探擇尤審，制舉、傳

奇之刪汰，全就其內容而言，至於〈小說〉、〈經義〉兩門，仲容並未剪除，如〈子部〉有〈類書類〉、〈小說家類〉，即顯證。孔子曰：「惡似而非者，惡莠恐其亂苗也，惡佞恐其亂義也，惡利口恐其亂信也，惡鄭聲恐其亂雅樂也，惡紫恐其亂朱也，惡鄉原恐其亂德也。」《孟子·盡心篇》引孔子語。明際士子群趨括帖，經義淆于八股，邪說充斥，正學蕩然，故知者棄舉業而從實學者多有之。此《溫志》之不收制舉，刪削傳奇之由，正所以惡似而非者也。舉目斯世，學校教育幾為升學主義所奪，書肆所售者又多為升學大全，與低級趣味之小說。瀾言惑眾，大言欺人之情，與括帖八股盛行之明季，殆無二致，如令仲容先生居今日而猶治目錄，豈僅刪汰，快逞一時之私耶！或將撫卷泫然，為千古聖賢薪傳而泣下也。庶使野言傀說，不淆文史。

　　然〈類書類〉仍有數書，似專為舉子業者，如：

潘氏朝卿《經史事統》　佚

陳傅良〈承事郎潘公墓誌銘〉：「……永嘉潘公，公學不但為舉子業，會撮古今為書，號《經史事統》。然試有司，輒不利。……」

無名氏《永嘉先生八面鋒》　十三卷　存

以事論事而不曲於事，策上體也。古之人大抵皆然，而宋尤盛。永嘉先生生丁其時，又以不羈之才、不次之學、不世之見濟之，是以作為籌策，以鳴國家之盛者，尤傑拔焉。淳熙中制，以其無所不該，觸之即解，因賜以是名。且令就試士人，持一冊為風檐一日之助。……

　　似此有類今之題解、答案之速成作品，無視其卷帙浩蕩，亦應芟夷無替，使學術園地，不雜稗稊也。

（六）自譜學淪廢，私書繁雜，前創後修，此分彼合，篇帙日增，不可殫究，故不立譜牒一目之例

　　仲容先生《溫州經籍志·敍例》曰：「至于譜牒一類，古志例收。然隋唐以前，崇尚氏族，斜上旁行，悉登官簿。自譜學淪廢，私書繁褥，前創後修，此分彼合，篇帙日增，不可殫究。故《四庫總目》不立此目，分韻編姓，帙附類書，舊志于家牒間登一二，今并削之。」

　　案：《譜牒》一類，古史志、目錄例收。仲容《溫州經籍志》，雖不明著譜牒之目，而〈史部·傳記類〉，於重要譜牒、家傳之書，亦不吝收錄。如：

明

劉氏濬《孔顏孟三氏誌》　六卷　未見。

宋

戴氏柟《東坡陽羨譜》　佚

戴氏仔《家傳》　佚

明

黃氏潮光《卓忠貞年譜》　佚

章氏玄應《章恭毅公年譜》　一卷　未見

張氏汝紀《張文忠世家》　卷　存

清

徐氏烱文《王忠文年譜》　一卷　存

林氏大椿《劉蒙川年譜》　一卷　存

不僅此也，先生著述中，亦迭云譜牒之重要，如：

〈冒巢民先生年譜序〉：

> 家史之有年譜，猶國史之有年表也。桓君山謂太史公〈三代世表〉，實效《周譜》。彭城《史通》，亦謂表譜相因而作。……然唐以前，國史有世表、有年表，而家史則有世譜無年譜。先秦傳記之傳於今者，若《晏子春秋》之類，最錄言行，蔚成巨編，而未有分年排次。故讀其書者多不得其先後，間有一二可考者，亦多歧悟莫能論定，則以無編年之例故也。自北宋人以陶杜之詩、韓柳之文，按年為譜，後賢踵作，綴輯事迹以為書者日多，於是編年之例，通於傳記，年經月緯，始末昭焯，此唐以前家史所未有也。蓋名賢魁士，一生從事於學問，論譔之間，其道德文章，既與年俱進，而生平遭際之隆污夷險，又各隨所遇而不同，非有譜以精考其年，無由得其詳實。即一二瑣屑軼事，亦其精神所流露，國史家傳所不及詳者，皆可摭拾，入之年譜，凡史傳碑狀紀述，舛迕不可治者，得年譜以理董之，而弆然如引繩墨以知規矩也。

先生撰《墨子詁話》，於《後語》二卷中，復有〈墨子傳畧〉、〈墨子年表〉之作，皆重視譜牒之徵也。

（七）凡詔定官書，雜成眾手，史志撰人，理不專屬，故書在茲科，宜從蓋闕之例

仲容先生《溫州經籍志‧敍例》曰：「詔定官書，襐成眾手，史志所箸撰人，或惟主監修、或廑題經進，理無專屬，達例未聞，況復斷地為書，方隅攸限，凡在茲科，宜從蓋闕。」

（八）凡游宦名賢，實多載述。然主客之間，當有畛域。故別錄為外編，以為蒐討舊聞之助之例

仲容先生《溫州經籍志‧敍例》曰：「至于游宦名賢，實多載述。如緝之《郡記》，開編譜之閎規；子溫《橘錄》，萃永嘉之珍產。考徵所藉，捃輯須詳。然主客之間，當有畛域。而溫州舊志，並與本郡著述相廁，尤為無例。今別錄為《外編》一卷，以為蒐討舊聞之助。」

案：先生《溫志‧外編》分上下，專收游宦名賢之作，其中約五十一種之
　　富。茲就原書序次，簡列書目，俾覽者識其大署焉。

〈外編〉卷上：

謝氏靈運《永嘉記》　佚

鄭氏緝之《永嘉郡記》　闕

無名氏《永嘉圖經》　佚

李氏宗諤《祥符溫州圖經》　佚

無名氏《樂清縣圖經》　佚

周氏澂《永嘉志》　七卷　佚

袁氏采《樂清縣志》　十卷　佚

馮氏復京《樂清縣志》　佚

無名氏《瑞安縣志》　佚

汪氏循《永嘉縣志》　十六卷　未見

馬氏騰霄《平陽縣志》　八卷　未見

汪氏爌《溫州府志》　三十二卷　未見

施氏鋐《平陽縣志》　佚

林氏天楨《泰順縣志》　四卷　未見

劉氏可聘《泰順縣志》　四卷　未見

朱氏國源《泰順縣志》　十卷　存

張氏坦熊《玉環志》　四卷　存

章氏昱、吳氏慶雲《瑞安縣志》　未見

齊氏召南、江氏沆《溫州府志》 三十卷 存

《永嘉縣志》 二十四卷 存

黃氏徵乂《瑞安縣志》 十卷 存

〈外編〉卷下：

無名氏《鴻蕩山記》 一卷 佚

章氏望之《鴈蕩山記》 佚

徐氏待聘《鴈山志勝》 四卷 未見

□氏□□氏□□《僊巖志》 十卷 存

無名氏《平陽前倉鳳山志》 一卷 未見

《平陽縣鳳浦埭志》 一卷 未見

周氏清原《游鴈蕩山記》 一卷 存

釋實行《鴈行圖志》 未見

汪氏季良《平陽會》 四卷 佚

蔡氏逢時《溫處海防圖畧》 二卷 存

李氏如華《溫處海防圖畧》 二卷 未見

無名氏《溫州水利》 四卷 未見

沈氏雍《平陽學校志》 未見

劉氏球《卓忠貞傳》 存

鄧氏淮《鹿城書院集》 未見

黃氏公瑾《地祇上將溫太保傳》 存

韓氏彥植《永嘉橘錄》 三卷 存

無名氏《鴈蕩山集》 一卷 佚

黃氏仁榮《永嘉集》 三卷 佚

李氏知己《永嘉集》 二卷 佚

無名氏《樂清詩集》 佚

《唐賢永嘉雜詠》 佚

謝氏鐸《游鴈山詩》 佚

《台鴈唱酬錄》 佚

汪氏循《東甌唱和集》 佚

梁氏章鉅《鴈蕩詩話》 二卷 存

劉氏士英《永嘉守禦錄》 佚

　　黃氏勻顯《應集》　佚

　　勞氏大與《甌江逸志》　一卷　存

　　孫氏同元《永嘉聞見錄》　二卷　存

　　以上五十一種著述中，「佚」與「未見」者三十有六，「闕」一，及今尚
存者十有四部，存少亡多，良可慨也。

（九）凡作者姓氏久淹，事實不著者，則附同代著述之末，用竢考定之例

仲容於竢考之作，每加案語，茲錄數例，以見一斑。如：

集部　別集類

《遊淮集》　十卷　佚

案：繆夢達《瓊筦、晉康雜著》及《遊淮集》，見萬曆《溫州府志·
藝文門》。而乾隆《溫州府志·經籍門》並作繆元德著。考乾隆《平
陽縣志·文苑傳》載：「繆夢達知昭信軍，瓊州武經大夫、瓊筦安撫，
改知德慶府。所著有《遊淮集》十卷，《瓊筦、晉康雜著》各三卷、
《女訓》二卷。」《宋史·地理志》六，廣南東路德慶府為晉康郡軍
事。《縣志》載夢達嘗知德慶府，與《晉康雜著》書名相應。然《廣
東通志》十六〈職官表〉，宋知德慶府有繆夢遠，注「武翼大夫」，
非夢達，知瓊州亦無繆夢達，至《游淮集》則《通志》亦題「繆元
德」，彼此岐迕，無從校核。今姑依萬曆《府志》、乾隆《縣志》並
題夢達，竢更考焉。

徐氏允澤《天石橋集》　佚

案：徐允澤事跡無考，其集萬曆《府志·藝文門》列于元、明諸集
間。

林氏失名《東愚集》　佚

陳氏塤《白雲集》　佚

陳氏仲能《鼓缶集》　佚

張氏瓏《恒庵集》　佚

案：自林東愚以下四人，時代並無可考。陳塤、張瓏二人，顧氏收
入《元詩選》，殊無墻證。《東甌續集》敘次先後，亦漫無義例，未
足依據。惟《續集》為趙諫所編，東愚諸人詩既經采錄，其人當必
在弘治以前。疑以傳疑，姑附之明初諸人之末，以俟續考。

張氏采齊《塘上草》 佚

案：張天根事蹟無考，《詩存》載其詩，有〈冬日晤王篤蕃〉一篇，則其人與王爾椒同時，今附於此。

林氏文朗《靜齋小草》 未見

案曰：以下七人，事蹟並無考，其集並載乾隆《溫州府志・經籍門》，當係雍正以前人，今彙坿於此。

林氏文煥《博笑集》 未見

何氏應溥《修閒居士集》 未見

王氏之揮《存誠齋集》 佚

案：以下五人，籍貫並無考。

永氏公亮《不孤齋集》 佚

陳氏日堯《酣叫集》 佚

釋霽崙《深雪草堂集》 佚

釋素心《羅峯集》 佚

（十）凡寫錄之次，每書之下，敘跋為首，目錄次之，評議之語又其次。其有遺事叢談，苟地志已具，則略綴一二，無貴繁徵。至於一得之見，殿於文末之例

仲容先生《溫州經籍志・敘例》曰：「寫錄之次，馬、朱互異，貴與彌心舊錄，故敘跋繫晁、陳之後；錫鬯博綜佚聞，則傳狀冠志目之前。凡此科條，未為允協，今之寫定，輒為更張。大抵每書之下，敘跋為首，目錄次之，評議之語又其次也。其有遺事叢談，畧綴一二。苟地志已具，則無貴繁徵。凡通志、府、縣志有傳者，並不復詳其事蹟。至于申證精奧，規檢譌誤，一得之愚，不敢自祕，殿于末簡，以質大雅。」

案：仲容《溫志》寫錄之次，兼採馬、朱之長，博綜百氏之說，將一書之書名、卷帙、作者，與夫敘跋、傳狀、品評，以及輟聞、軼事，皆兼收並蓄，擇善而錄。茲擇其體例尤備者，錄示其概。

集部 別集類

《霽山先生集》 五卷 存

子平陽素稱文獻之邦，……後學呂洪學書。

霽山林先生宋度宗咸淳辛未太學釋褐，……遼藩光澤王書於博文堂

之梅南深處。

昔劉夢得序《柳柳州集》，……吳下張寰書。

西涯翁擬《古樂府詞》，載霽山氏《夢中紀》，……海康馮彬書。

宋林霽山先生《白石樵唱》……古歙後學汪士鋐識。

按遂昌鄭元祐〈書林義士事跡〉，云……歙州吳菘識。

霽山先生，宋末名儒，……新安吳瞻泰謹識。

霽山先生以忠義之氣，發爲詞章，……鮑廷博刊本跋。

宋《林霽山先生詩文集》五卷，……後學蘇璠謹誌。

《四庫全書總目》一百六十五：《林霽山集》五卷。……

《四庫全書簡明目錄》十六：《林霽山集》五卷。……

鄭元祐《遂昌山人襍錄》。……

《東甌詩集》五：……

　　案語……

齊氏召南、汪氏沆《溫州府志》　三十卷　存

乾隆辛巳夏，……李因培書於永嘉江上之雙溪舟中。

乾隆十六年冬，……婁東朱樁拜撰。

《溫州府志》闕修者蓋七十餘年。……李琬撰并書。

明山序（不錄）。

徐縣序（不錄）。

莊有恭序（不錄）。

賀長齡《皇朝經世文編・姓名總目》一。……

　　案語……

《溫志》於著述之序錄排比，極有順序，前敍後跋，殿以案語。序之錄與不錄，又槪以其內容精粗爲斷，評語之採擇，以其著錄之有無爲準。

綜觀仲容《溫志》之十大創例，有考卷帙者（如第一例），有徵書名者（如第二例），有嚴斷限者（如第三例），有辨譌誤者（如第四例），有言編目者（如第五例，刪制舉、傳奇兩門。第六例，不立譜牒一目），有別撰人者（如第七例），有區分著述之畛域者（如第八例），有姑錄以竢考定者（如第九例），亦有言寫定之次序者（如第十例）。較之前代目志之書，或因限於一隅之作，取材編目，容有嚴刻；但方之輓近圖書編目，有目無錄，既取消《四庫》編配之制，復不依學術思想爲據，徒襲杜威十進之法，而棄我固有分類之長。值

此之時,則仲容《溫志》之義例,甚有承先啓後之功。於目錄學之啓迪,誠有不可磨滅之貢獻也。

四、孫氏《溫州經籍志》書末案語發微

孫氏於每書之後,必附案語。自云:「至于申證精奧,規檢譌誤,一得之愚,不敢自祕,殿於末簡,以質大雅。」〔註7〕是知案語乃仲容於作者之生平事蹟,板本之考校,篇目之甄錄,思想之特色,所從之學派,原作者之佚文,以及辨僞別眞等。凡有關是書之著作、存佚、傳刻、流布,皆巨細靡遺,小大必徵。所以吾人欲窺其對目錄校勘之卓識碩見,必平考其案語而後可。茲特發其大凡,探其幽眇,俾治目錄之學者有所取資焉。

(一)首著史志,明撰人之生平事略

於此復分兩節:即撰人於舊志有傳者,僅錄其所見史志書目,俾覽者自得;如舊志無傳者,必窮蒐冥索,甄錄其軼聞瑣事。以下分別例示之:

(1)史志有傳者

經部 書類

鄭氏伯熊**《敷文鄭氏書說》** 一卷 存

案:鄭文肅公伯熊,萬曆《溫州府志·理學傳》、雍正《浙江通志》、乾隆《永嘉縣志·儒林傳》,並有傳。

王氏十朋**《尚書解》** 佚

案:梅溪王忠文公十朋,《宋史》三百八十七、萬曆《溫州府志·理學傳》、雍正《浙江通志》、道光《樂清縣志·名臣傳》,並有傳。

史部 地理類

薛氏英**《鴈蕩山志》** 未見

案:雪堂薛教諭英,漁村侯處士思炳子,出繼薛氏。乾隆《溫州府志》、道光《樂清縣志·文苑傳》,並有傳。

史志雖有成傳可據,仲容就蒐討所得,更增軼聞者亦有之,如於前《敷文鄭氏書說》後案中又有:

案:萬曆《溫州府志》載文肅官秩云:「歷國子司業,宗正少卿。乞

〔註7〕 見《溫州經籍志·敍例》。

外，以龍圖閣知寧國府卒。」凌迪知《萬姓統譜》二百七則云：「歷黃巖尉，婺州司戶。隆興初，召試正字，除太常博士，出爲福建提舉，魏王府司馬，除吏部郎兼太子侍讀，宗正少卿，以直龍圖閣知甯國府。」並不云「直敷文閣」。然《朱子語類》載黃義剛問，已稱鄭敷文，此書今所傳鈔刻各本卷端亦並題《敷文鄭氏書說》，豈文蕭卒後追贈之官乎？

薛氏《鴈蕩山志》後案中亦有：

> 案：《東甌詩存》載其〈告致歸里留別蕭山諸君子詩〉，注云：「手輯《鴈蕩山志》，時謀付梓。」是雪堂著有此書，然府、縣志並未著錄，今亦未見印本，疑當時仍未梓行矣。

（2）史志無傳者

經部　禮類

蘇氏□□《古禮書敍略》　一卷　佚

> 案：蘇太古事蹟，舊府、縣志無考。金履祥《仁山集》一，有〈送三蘇君序〉，曰：「愚翁先生蘇公，來官金華，其三秀從焉。長曰太古，仲曰佩韋，季曰會心，皆所以號也。」又卷四有〈九月初永嘉蘇太古同遊金華洞夜宿鹿田寺用杜陵山館詩韵以贈〉詩。南宋人通稱溫人爲永嘉人，蓋用永嘉郡舊稱也。太古不知籍隸何縣。《佩文齋書畫譜》二十五引《王魯齋集》：「蘇基先，溫之瑞安人。登寶祐癸丑第，初調臨安府浙江稅，終金華令。」萬曆《溫州府志》十，寶祐癸丑進士有蘇文洪，瑞安人。而無基先。《江山集》所稱，愚翁先生蘇公，或即基先。然今所見馮如京刊本《魯齋集》十二卷無此語，俟更求足本考之。又據仁山〈送序〉，則太古乃別號，其名惜無可考。

五經總義類

葉氏仲堪《六經圖》　七卷　佚

> 案：葉思文，舊府、縣志人物門皆不載。攷王忠文《梅溪後集》十八，〈興化簿葉思文，吾鄉老先生也。比沿檄見訪。既別，寄詩二十八韵，次韵以酬〉詩，有云：「吾鄉老先生，吏事以儒飾。新篇似庭燎，遠寄箴我癖。把酒欲細論，何時再沿檄。陽春七十首，老豔萬丈射。招邀屈原魂，收召子厚魄，驚開老病眼，喜見墨妙蹟。願公倡斯文，用夏變蠻貊。」又《集》二十九〈何提刑墓誌銘〉，亦云：

「興化簿葉仲堪以〈行狀〉來。」然則思文固以宿儒而屈于末吏者也。其詩文今無存者，吾鄉人幾不能舉其名矣。

（二）考校板本，訂卷帙之多寡

仲容之考校板本，必詳源竟委，於其著錄之朝代、元號、處所、類別，如刊本、活字本、抄本等。均盡量蒐求。然後推之於卷帙之多寡，或佚、或存、或闕、或未見，務期一目瞭然，得其全豹。茲就四部各舉一例如次：

經部　四書類

史氏伯璿《四書管窺》　五卷　闕

案：《四書管窺》明刊本流傳絕少，儲藏家所傳鈔本亦多殘缺不完。家中父始從邑中項氏假得，見舊鈔足本五冊，錄副弆之。卷首有大意十二條，自明著書之旨，以下皆依經繫論，撮舉大要，不錄全文。凡《學》、《庸》、《孟子》各一冊，《論語》二冊。〈先進〉以下無闕佚，蓋罕覯之祕籍也。

史部　詔令奏議類

王氏十朋《梅溪奏議》　三卷　未見

案：《梅溪奏議》，宋時有單行本，三卷，見《書錄解題》。元以後久無傳本，甬上范氏別有明朱元詔所刻本二卷。其序署云：江陵舊刻二十餘卷，今祇四十餘篇。手錄一冊付梓。其書今亦未見。考明正統本《梅溪集》，首載《梅溪奏議》四卷，凡四十八篇。元詔所刻，殆即從《集》本錄出。然《集》本附王聞禮〈跋〉云：「先君《文集》，合《前》、《後》並《奏議》五十四卷，紹熙壬子鋟木江陵。」是明槧即從江陵本出，無所謂「二十餘卷」者。且《集》本《奏議》內所載，如劾史浩、史正志、龍大淵諸鉅製，悉在其中，其末卷並載代它人作奏狀十二通，編錄至為詳備。而《後集》二十一，別載奏狀十七篇，其六篇今已亡佚，亦附載其目，不當更有缺佚如此之多，朱〈跋〉所云未足信也。

子部　雜家類

葉氏適《習學記言序目》　五十卷　存

案：汪〈跋〉謂「所見凡二本，一本分前後兩帙，出於林居安；一本合編為五十卷。」孫〈跋〉謂「水心子案所編次。汪氏據以刊行。」

今世藏書家展轉傳鈔，皆出汪本，林本遂不復傳。然以汪氏所述推之，林本先後分合義例，不甚可解，固不若孫本之精整。然今本書末，亦有學生林居安校正一行，則汪刊雖依孫本，亦經林氏手校矣。又四十六卷末，孫氏附記云：「按諸子書，惟《莊》、《列》、《文中子》不及論述，先生嘗答之宏書云：『《記言序目》、《孫卿》後僅有四卷，如《莊》、《列》諸書，雖熟商量，莫知所以命筆，只得且放過，從此且欲將《文鑑》結尾作了當去。』又云：『《莊》、《列》、《文中子》，向本欲先下手，爲其當條理處太多，不勝筆墨，頗苦煩碎，合爲一論，則又貫穿未易。』」是此書終《文鑑》，水心手定本，固已如是。至云《荀卿》後有四卷，則與今本又不合。今本《荀子》在四十四卷，後四十五卷《管子》，四十六卷《孫》、《吳》、《司馬法》、《六韜》、《三略》、《尉繚子》、《李靖問對》，四十七至五十卷並《文鑑》，凡六卷。疑葉棐及門人編定時，或有分并矣。

集部 別集類

王氏十朋《梅溪先生文集》 五十四卷 存

案：《梅溪前、後集》并《奏議》五十四卷，紹熙壬子王聞禮編刊。……登第以前之作，而坿以《和韓詩》及《咏古詩》各一卷，《文》十卷，則分體編次，與詩不同。《後集》詩十九卷，始〈丁丑二月二十一日集英殿賜第詩〉，終乾道庚寅自泉州奉祠歸里後諸作；文九卷，分體與《前集》同。惟以賦三篇別爲一卷，冠詩之前，則與《前集》賦與雜文合編者不同耳。集後坿聞禮〈跋〉云：「其間闕亡者，異時爲別集。」是此兩集之外，亦尚有佚作。故第二十一卷表狀內，〈辭免侍御史狀〉以下六篇，雖載于目錄而文並不存。眞西山〈梅谿續集敍〉，所稱〈勸農〉、〈戒訟〉諸文，則目亦未載。又周益公〈張忠簡神道碑〉云：「王公十朋嘗爲〈行狀〉。」今集中亦無其文。然別集曾否編定，今不可考。《宋史·藝文志》所載《後集》一卷，及西山所刊《續集》，元、明以後亦無傳帙。梅溪遺著終以此二集爲完本矣。

又案：《梅溪集》，汪應辰所作〈墓誌〉及〈會稽三賦注〉并云「五十卷」，朱子代劉琪序及《文獻通考》並云「三十二卷」。今本五十四卷，與王聞禮〈跋〉合。《四庫總目》疑三十二卷本爲梅溪初

稿，五十卷本爲晚年所增定，五十四卷本爲梅溪子聞詩、聞禮等所編次之定本。然朱子代劉珙作〈序〉，在汪玉山作〈墓誌〉之後，何以汪所述者乃晚年定本，朱所見者反係初稿乎？代遠年湮，三本違異之故，未可臆決，姑闕疑焉可也。至雍正間，樂清所刊《王忠文公詩文集》，經邑令唐傳鉎重編，取前、後《集》攙合移易爲五十卷，詩則易編年爲分體，遂至先後貿亂，不復可識別。如《後集》十二〈江月亭〉二絕，本一時所作，唐因一爲五言，一爲七言，遂改其篇題，分隸兩卷，使宋、明以來舊本面目不復可見，其謬妄可不必辨，至於承訛臆改，展卷皆是。《梅溪集》本，此爲一厄！後有重刊者，必宜復正統本五十四卷之舊也。

案：上舉四例，雖均在考校板本，訂正卷帙，而於一書之佳本善槧，如項氏家藏史伯璿《四書管窺》舊鈔足本。卷帙完闕，編輯過程，概詳乎其言之。至於在《梅溪先生文集》案語中，一駁《四庫總目》之失考，再糾詰唐編之重牾，皆是是非非，信古人復生，亦當頷首稱善也。

（三）討原索流，考成書之經過

仲容於校訂板本、卷帙之間，涉及成書之經過甚詳，如編次之時代，或自定，或他輯，或出乎子孫，或成於門人，皆能討原索流，見其端倪。於知人論世，豈小補已哉！如：

經部 易類

戴氏溪《易總説》 二卷 佚

案：《易説》，《宋史》本傳載其爲太子詹事兼祕書監時，承景獻太子命而作。考無名氏《中興館閣續錄》七〈官聯門〉：「祕書監戴溪，嘉定三年二月以太子詹事兼，四年四月爲權工部尚書。」此書蓋即其時所進也。

春秋類

薛氏季宣《春秋指要》 二卷 佚

案：艮齋《春秋經解指要》，《書錄解題》以爲紹興三十二年，年三十歲時作。考紹興三十二年，艮齋年二十九歲，非三十歲，疑《解題》原文「三十二年」，當作二十三年，三十歲當作二十歲，《通考》及《經義考》引作「二十歲」不誤。乃合耳。此二書爲艮齋弱冠時著述，

故如魯曆改時及諸侯無史諸義，考證未盡精塙。今二書並無傳本，惟止齋《春秋後傳》、趙汸《春秋集傳》及《左傳補注》，間有援引，然寥寥數語，不足推其全書義例也。

集部　別集類

葉氏適《水心先生別集》　十六卷　存

案：《水心別集》第一卷爲〈序發〉一篇，次〈君德〉二篇，〈治勢〉三篇。第二卷爲〈國本〉、〈民事〉、〈財計〉各三篇。第三卷爲〈官法〉三篇、〈士學〉二篇。第四卷爲〈兵權〉二篇、〈外論〉四篇。第五卷爲〈總義〉及〈易〉、〈書〉、〈詩〉、〈春秋〉、〈周禮〉各一篇。第六卷爲〈管子〉、〈老子〉、〈家語〉、〈莊子〉、〈太玄〉、〈左氏春秋〉、〈戰國策〉、〈史記〉、〈三國志〉、〈五代史〉各一篇。第七卷爲〈總述〉、〈皇極〉、〈大學〉、〈中庸〉各一篇。第八卷爲〈傅說〉、〈崔寔〉、〈諸葛亮〉、〈蘇綽〉、〈王通〉各一篇。第九卷爲〈廷對〉。第十卷爲〈始議〉二篇，〈取燕〉三篇、〈息虜論〉二篇、〈實謀〉一篇。第十一卷爲〈財總論〉及〈經總制錢〉各二篇，〈各買〉、〈折帛〉〈茶鹽〉各一篇，〈兵總論〉二篇。第十二卷爲〈四屯駐大兵〉、〈廂禁軍〉、〈弓手〉、〈土兵〉各一篇，〈法度總論〉三篇，〈資格〉、〈詮選〉各一篇。第十三卷爲〈薦舉〉、〈任子〉、〈科舉〉、〈學校〉、〈制科〉、〈宏詞〉、〈役法〉各一篇。第十四卷爲〈新書〉、〈吏胥〉、〈鹽司〉各一篇，〈紀綱〉四篇。第十五卷爲〈終論〉七篇，後附淳熙十四年〈上殿箚子〉及〈應詔條奏六事〉。第十六卷爲《後總》。其〈進卷〉即今所傳〈賢良進卷〉。《外稿》據〈自跋〉蓋淳熙乙巳所作，將進之孝宗以備乙覽者。後十九年爲嘉泰甲子，乃自爲編定，而附以〈奏箚〉二篇，然其書迄未奏進，故《東甌詩集》三載趙汝回〈呈水心先生詩〉，有「《外稿》定於何日上，中興只在十年間」之句。其《後總》一卷，〈自跋〉未及。考孫之宏《習學記言·敍》云：「先生常追恨唐初務廣地，而兆夷狄內侵之禍，中世廢府兵，而縣官受養兵之患。本朝承平，未遑悛定，矧以舊虜垂亡，邊方數警，筆墨將絕，遂爲《後總》，特祕而未傳。」是《後總》乃水心絕筆之作。三書本各自爲卷帙，水心卒後，門人乃合編爲一集耳。

陳氏高《不繫舟漁集》　十五卷，《附錄》一卷　存

案：集本金華蘇伯衡編定，成化乙酉，平陽呂洪始爲刊行。今所見本卷端亦有呂敍，而每卷首葉並題八世孫侯官一元校。檢乾隆《平陽縣志·選舉門》，明萬曆辛丑進士有陳一元，應天府丞。又《人物傳》載，陳志其先戍籍福州，子一元，辛丑進士，爲大京兆。其人在呂後百餘年，蓋一元又以呂本覆刊也。《集》凡詩九卷，文五卷，附錄一卷，則墓誌、祭文之屬。《千頃堂書目》稱《詩集》十二卷，又謂一元梓其詩行世，殊爲失考。今本文五卷，首頁並有「一元校」一行，則一元所梓不徒詩集矣。

首二例考成書及進上乙覽之時代。次例於《水心別集》，各就篇卷之內容目次，考訂書原三本，各自爲卷帙，水心卒後，始爲門人合編爲一集耳。末例於《不繫舟集》之編定、刊行、校檢，均詳據史乘，勘定大署。至於引詩以徵《外稿》，援序而明絕筆，破傳說之訛誤，辨《千頃書目》之虛妄，皆能批卻導竅，得其環中。

（四）尋文繹義，明寫作之體例

仲容案語中，明書之寫作義例者甚夥。誠以義例之於書，若四體之於人，人而無體，雖眉目清俊，五臟俱全，終成殘疾。書乏精例，即文詞醇雅，資材充備，亦病支離。故欲袪文病，應首重義例，所謂振衣絜領，舉網提綱，此之謂乎！茲列數例，以見仲容之所指。

經部　四書類

蔡氏節《論語集說》　二十卷　存

案：其書體例清整，訓釋經義，雖多遵朱子《集注》及張氏《癸巳論語說》，然于何氏《集解》，及皇、邢兩《疏》亦多徵引。永嘉諸儒則于錢白石、戴岷隱兩家之說采錄頗夥，固非徒鈔語錄者也。

小學類

戴氏侗《六書故》　一卷　存

案：〈自序〉以爲格物之方，取數多者書，天地萬物，古今萬物，皆聚於書，因欲以六書統物與事之全。故其繫字，雖亦據形類聚，而不用《說文》始一終亥之部分，別分天文、地理、人事等九類，蓋古來小學家所未有也。其目錄後自識云：「凡文象形者十而九，傳寫轉易，或趨簡省，或加繆巧，浸失本眞。」又云：「疑於義者，雖先

秦古書皆退之，核於義者，雖後出必進之。蓋其意欲求文字之本，故篤好古籀，凡鐘鼎銘款與小篆不同者，搜采至悉，務廣文字之用，故兼收俗體，凡《玉篇》、《廣韵》、《集韵》、《類篇》所載晚出之字，苟不諄于形聲之旨者亦所不遺。其間未免古今襍出，而說者或以爲專主鐘鼎，則不察之論也。

史部　地理類

王氏光薀**《溫州府志》**　十八卷　存

案：《志》凡分十一類，首輿地、次建置、次祠祀、次食貨、次兵戎、次秩官、次治行、次選舉、次人物、次藝文，而終以襍志。季宣爲西華副使子，家學淵源，世傳文譽，故此書體裁尚爲淵雅。

集部　總集類

周氏天錫**《愼江文類》**　未見

案：周樗庵《愼江文類》，稿本今未見。《甌乘補》十二載包幼白《玉石新編》、張陽春《遐思集》兩書，並注出《愼江文類》，則黃鶴樓尚見其書也。樗庵《愼江詩類》專收外人詩之涉溫州者，《文類》義例亦當與彼同。蓋《文徵》、《文逸》止錄鄉先輩遺文，外人之作則別爲《文類》，三書互相表裏也。

　　古書之傳於今者，亡多而存少。凡見存之書，卷篇俱在，其體例自可即文以求。如蔡節《論語集說》、戴侗《六書故》、王光薀《溫州府志》。至於亡而未見之作，由於原編未覯，推尋至難。今先生亦就他書之相似者，比例以繹之。如周天錫《愼江文類》。則著述雖亡，而義例猶存，繼絕舉廢，功不可沒也。

（五）甄錄篇目，析全書之特色

　　仲容於書讐校既竟，往往甄錄篇目，俾後之學者，因篇目之內容，討全書之特色。雖書已云亡，亦必窮蒐冥索，得其大略而後已。如：

史部　傳記類

王氏朝佐**《東嘉先哲錄》**　二十卷　存

案：《東嘉先哲錄》二十卷，世間傳帙頗少。余家所藏者從翰林院所儲明刊本影寫。每卷皆有標題。卷一，先達三人：王儒志、林塘奧、蔡八行。卷二，程子門人五人：周博士行（6）劉起居安節、劉侍御安上、鮑敬亭若雨、沈先生躬行。卷三，程子門人七人：許忠簡景衡、

陳先生經正、陳迪功經邦、謝先生天申、潘先生旻、戴臨江述、趙尚書
霄，附楊氏門人一人：宋尚書之才。卷四，朱子門人四人：葉祕書味
道、陳潛室埴、徐先生宇、徐先生容。卷五，朱子門人九人：林龍圖
湜、蔡先生㦄、沈先生僩、錢先生木之、曹文肅叔遠、戴鹽運蒙、黃先
生顯子、蔣先生叔蒙，附張氏門人一人，周郡倅去非。卷六，名儒二
人：薛常州季宣、鄭龍圖伯熊。卷七，名儒二人：陳文節傅良、蔡文
懿幼學。卷八，名儒二人：葉文定適、戴文端溪。卷九，名儒六人：
張監嶽淳、陳祕書鵬飛、薛恭翼叔似、林婺州拱辰、徐潮州定、葉先生
仲堪。卷十，名儒十四人：朱先生黼、徐教授元德、王東巖與之、錢
少卿文子、姜教授得平、陳先生季雅、黃先生仲炎、呂先生大圭、薛先
生據、章先生仕堯、史先生伯□、徐教授興祖、張學正謙、朱學正謐。
卷十一，名臣二人：王忠文十朋，王自中。卷十二，名臣四人：陳侍
郎楠、薛起居徽言、張忠簡闡、吳尚書表臣。卷十三，名臣三人：婁
察院寅亮、徐忠文誼、蔡知閣必勝。卷十四，名臣三人：周侍郎端朝、
林樞密署、劉參政黻。卷十五，名臣四人：曹文恭豳、周蒼巖元龜、
章恭毅綸、韓運使偉。卷十六，忠臣八人：薛良顯、潘進士方、侯節
毅喦、徐正將臻、桂鎮撫完澤、彭忠愍庭堅、張庸、周樞密誠德。卷十
七，忠臣五人：林霽山景熙、鄭學正樸翁、陳錄事高、陳侍講達、卓
侍郎敬。卷十八，孝子七人：陳孝門侃、仰孝廉忻、陳孝子宗、周孝
子樂、張孝子端、張孝子正、陳孝子序。卷十九，氣節八人：陳連江
彥才、何提刑逢原、顧錢塘岡、徐省元履、徐少卿瑄、林進士則祖、徐
狀元儼夫、金上舍九萬。卷二十，詞章十一人：倪司勳濤、林太常季
仲、潘轉庵檉、趙靈秀師秀、李祕書孝光、汪桐陽鼎新、鄭處士昂、高
都事明、林長史溫、蘇編修伯衡、季恥庵應祈。總一百十一人。於宋
元兩代及明成、弘以前魁儒碩彥，幾於搜輯無遺。所采載籍，自正
史列傳以及地志、誌狀，並臚列舊文，不加纂改，且一一詳其出處。
其體裁淵雅，在明人書中，頗不易覯。

史部 地理類

曾氏唯《廣鴈蕩山志》 二十八卷附《游法》一卷 存

案：近堂曾唯，字岸棲，……《廣鴈蕩山誌》以朱蕩南、李菊庵、
施六洲諸志參合編訂，在《鴈山志》中最爲完備。首爲圖二十七，

卷一爲〈山總〉，卷二至卷十爲〈山水〉，十二爲〈物產〉，十三爲〈寓賢〉，十四爲〈方外〉，十五爲〈紀異〉，十六至二十八並爲〈藝文〉，而以《游法》一卷終焉。其凡例謂舊志有三大誤，一、誤聽《筆談》宋開之說，置《隋志》、唐蹟於不問。二、誤認大湫出自鴈湖，不知內外異谷隔嶺。三、誤傳謝嶺爲靈運所經，而嶺東謝家岙，未經詳究。相沿已久，習焉不察。其考訂亦頗精審。

仲容詳載二書篇目，並就其體例，分析全書之特色，或謂體裁淵雅，或讚考訂精審，皆鉤稽有得之語，學者如循是以求，必有先得我心之快焉。

（六）徵其學派，評述思想要點

仲容先生於《溫志》中，對作者之所從學派，其盤根錯節之情，皆能由其師承關係、友朋交往、著述特色內，尋繹而出。並縷評其思想。尤重在說明該書之價值，以及對時代之影響。惟仲容深造自得，雖有卓特之識，而不爲尖刻之論，溫柔淵雅，想見其學品也。如：

子部　儒家類

項氏喬《甌東私錄》　六卷　存

案：甌東之學，宗尚姚江，又與轟豹、羅洪先、歐陽德諸人往還講習。故此《錄》持論，大指多與陽明符合。其謂朱子著述極多，而格物求放心，尊德性頭腦去處，卻覺差異。亦不滿于宋儒，然其論學箚記，兼重問學，與姚江末流入于狂禪者迥異。……考古不無疏舛，然講學與治經詁字，宋元以來塗轍久異，固未足爲甌東病矣。

雜家類

葉氏適《習學記言序目》　五十卷　存

案：水心論學，在宋時自成一家，不惟與洛、閩異趣，即於薛文憲、陳文節平生所素與講習者，亦不爲苟同。此書論辨縱橫，說經則于〈繫辭〉、《禮記‧檀弓》、〈孔子閒居〉、《中庸》、《大學》，咸有遺議。論史則不滿於史遷、班固。論文則不滿於韓愈、曾鞏。其詆訶前人，信不免太過。然其論太極先後天，及《尚書》、《論語》、《大學》無錯簡，則在講學家爲不聑于眾咻者。至于諸史自《戰國策》、《史記》迄《唐書》，諸子自《老子》、《荀子》迄兵家七書，靡不該覽綜貫，抉其義蘊。其淹博尤非陋儒所敢望，未可以陳伯玉所論遽譏其偏駁也。

集部　別集類

趙氏汝回《東閣吟稿》　闕

案：《江湖後集》載有《東閣吟稿》，蓋猶原本標題。王成叟〈薛瓜廬墓誌銘〉，以東閣爲四靈派，然其作〈瓜廬〉、〈雲泉〉兩詩敍，于四靈頗致不滿。《東甌詩集》二載宋慶之〈哭趙東閣〉詩亦云：「往年失四靈，詩道微一髮。縞素革織組，宮徵節亂聒。力排唐末陋，意與風雅軋。」則東閣論詩不取晚唐，與四靈雖同而實異矣。《江湖後集》所錄詩凡三十一篇，其古詩九篇，奇警清逸，非復晚唐格調，亦足徵其非專學四靈詩者也。

　　綜上三例，首言甌東之學宗尙姚江，而與姚江末流，入于狂禪者迥異。次論葉水心之於宋，自爲一家，其於說經、治史、論文，皆淹博通貫，抉其義蘊。末引宋慶之〈哭趙東閣〉詩，徵東閣詩格，非專學四靈。先生可謂尋原竟委，該覽綜貫，平心之論矣。

（七）稽古鉤沈，輯作者之佚文

　　古人著述千百，而傳者十一，故學人志士，於搦筆染翰之際，又未嘗不臨文嗟悼也。仲容之志溫州經籍，本崇敬鄉賢，珍愛手澤之意，於「闕」、「佚」之墜緒軼文，輒加輯苴，期讀者得緣是而知原作之眞象，以爲研討之資。故雖屬片言單句，至足寶也。

（1）蒐輯佚文

經部　易類

周氏行己《易講義》　佚

案：《易講義》宋以來書目並未著錄，惟其〈敍〉見《永樂大典》本《浮沚集》四。其卷二《經解》內有〈仁者見之謂之仁，知者見之謂之知，百姓日用而不知，故君子之道鮮矣〉一篇，疑即《易講義》逸文也。

四書類

沈氏大廉《論語說》　佚

案：《論語說》今無傳本，惟胡宏《五峰集》五附錄《論語指南》一卷，其篇目下注云：「證黃祖舜繼道、沈大廉元簡之說。」書中引沈氏說凡二十一條，……今錄所引沈說於此，以傳元簡學術之畧。……

（文繁不備載）

子部　儒家類

鮑氏若雨《程門問答錄》　佚

案：《程門問答錄》明時尚存，今則不復有傳本矣。然《伊川文集》五，載有〈答鮑若雨書〉並〈答問〉六條，而鮑氏所錄《伊川語》一卷，朱子亦收入《二程遺書》卷二十三，《問答錄》雖不可見，想所載者亦不過如是耳。此鄭漁仲所謂「書名亡而實不亡」者也。又案：《河南程氏文集》五，所載伊川〈答鮑若雨書〉後，具載答問之語，今并錄於此，以見其概。……（文繁不備載）

集部　別集類

林氏季仲《竹軒雜著》　十五卷　闕

案：《竹軒雜著》，今所傳《永樂大典》輯出本，殘闕不完。……又〈沮和議〉一疏，陳伯玉所見《集》本有之，《大典》失采，《四庫總目》以不見爲恨。今檢徐夢莘《三朝北盟會編》一百八十九載：「紹興八年十二月，三省檢正諸房文字林季仲奏箚曰：『臣聞古語有曰：乳彪搏虎，伏雞搏狸。夫彪非虎之敵，其能搏之者，發于感之誠也。金人肆爲暴虐，以吞噬中原，自今觀之誠強矣；然中原之地尚數千里，帶甲之士無慮百萬，亦何至如是之弱哉！嘗試號於眾曰：金人殺而父兄，繫而子女，燔而廬舍，取而財寶，是爲不共戴天之仇也。心思有以報之，則俯仰之間，氣必百倍。以此眾戰，誰能禦之。今世之說者不然，曰天命如此其如何？而釋老報應之說又從而蠱之。縉紳士大夫率以爲然，往來受囚，延頸待刃，爲之甘心焉。嗚呼！能洗是恥，猶有餘恥，能雪是冤，猶有餘冤矣。且人事盡而後可以言命，四夷交侵，必因小雅之廢，小雅之廢，命耶？人耶？外攘夷狄，必由政事之修，政事之修，命耶？人耶？如以命而已矣，則賢材不必求，政刑不必用，將帥士卒不必選練，軍馬器械不必選備，以待命之將興可矣。故李泌以謂君相不可言命，惟當修人事而已。吳王闔閭之敗也，謂其子曰：夫差，而忘越王之傷而父乎？卒能破越于夫椒。越王句踐之敗也，喟然嘆曰：吾終此乎？卒能滅吳於姑蘇。區區吳越，發于感憤，猶能以危爲安，以亡爲存，況以天下之大、億兆之眾，乘其怒心而爲之，何遽不爲福乎？建炎二年冬，臣蒙恩召還揚州，聞之道路，未知信否，

且云「陛下中秋對月，酒初行，愴然泣下，乃命撤酒。」臣以是知陛下之心無一日不在此也。舉斯心以感人之心，赫斯怒以激眾之怒，養以沈潛，待時而動，則克復宗社，取舊物以還中原，夫亦何難之有！臣未填溝壑，庶幾或見之。』」

由《五峯集》五輯出沈說二十一條，可傳元簡學術之大略。於《三朝北盟會編》蒐得季仲原箚，使其忠言讜論，佚而復存。書名亡而實不亡者，仲容輯佚之效也。

（2）補綴軼事

子部　兵家類

趙氏士楨《備邊屯田車銃議》　三卷　存

案：趙常吉事跡，《樂清縣志》所載未詳，惟萬曆《野獲編》二十三載其善八法，以布衣召入直文華殿。江陵奪情，杖諸諫者於闕下。趙故與艾、沈諸公善，因楚服彙儓，持黑羊股調護於血肉中，以此知名。喜談兵事，工騎射，講火器，屢上疏請自效，不報。見公卿臺諫，抗不爲禮，亦奇士也。趙初得官鴻臚寺主簿，晉中書舍人以歿。足見常吉風節梗概。又劉若愚《酌中志》二，紀萬曆癸卯妖書事云：皦生光正法後數年，京都中皆曰：「妖書是東嘉趙士楨所作。」士楨倜儻有大志，歷任文華殿中書舍人，每留心邊務，交遊頗廣，妖書獄興，即託病不出。及皦犯正法後，始敢出門；然興味闌珊，絕無平昔造鳥銃、議車銃、議屯田一往豪氣。及得病，頻死，亦屢見生光現形索命，卒至不起。《野獲編補遺》三則辨其不然。然《酌中志》稱常吉造鳥銃、議車陣、議屯田，則正與此二書合，故撮錄之，用備攷證焉。

雜家類

李氏季可《松窗百說》　一卷　存

案：季可事迹無考。據卷末尹大任〈跋〉云：「鄉里士陶冶富鄭公、司馬溫公、邵康節諸鉅人之餘風，大概已與天下異，松窗乃復傑出。」然則季可豈中原故家，避亂南遷者乎。

集部　別集類

鄭氏洪《素軒集》　一卷　未見

案：素軒鄭洪，事跡無考。賴良《大雅集》錄其詩，題爲永嘉人。

其周玄初〈來鶴〉詩下注曰：「洪武己巳」，而朱竹垞則據鮮于伯機
〈書趙子固水仙卷〉元貞二年，鄭君舉題名，定爲三衢人。顧氏《元
詩選》兩存其說而不能決。家大人曰：「《君舉集》〈感興〉詩二首，
其次篇云：『關陝雄藩未歃盟，江淮豪傑已鏖兵。』此指李思齊、張
良弼構怨相攻，及明祖起兵事。又〈吳山白塔寺〉詩云：『江山襟帶
尚依然，王氣消沈已百年。八葉龍孫東渡海，六宮綵女北歸燕。』
則君舉入明已久。且元貞二年，元興甫十七歲，至洪武二十二年己
巳，君舉已逾百歲，伯機元貞二年題名，恐不足信。」

　　此外亦有考與作者相關人物之軼事者，〔註8〕有補著錄之闕者，〔註9〕有
考作者之佚著者，〔註10〕皆徧蒐群書，信而可徵也。

（八）發伏摘疑，辨原書之眞偽

　　書之眞偽，仲容先生辨之至精。曾就史乘著錄之譌誤，專列〈辨誤〉一
卷，附於《溫志》之末。然其〈辨誤〉一卷，多由斷限特嚴，徵史志誤入之
著述。至著錄不誤，而原書或由依託，或由假借，或由好事者所僞造，或書
相傳爲僞而實際不僞者，仲容於後案中，皆能逐次辨正，剗其蕪穢，存其菁
華，俾好學深思之士，獲研古之正則，袪疑慮於未萌也。茲分別示例如下：

（1）辨原書為依託之作

集部　　**別集類**

《王狀元集注分類東坡先生詩》　　二十五卷　　存

案：梅溪以大魁起家，名德冠一世，其遺書流播，學者爭相傳誦。
故宋時建陽書林所刊王狀元書極多，如《周禮詳說》、《唐書詳節》、
《杜詩集註》、《唐文類集注》及《蘇詩集注》，並託之梅溪以射利。
如此注援引舊說，劉須谿辰翁亦爲一家，攷辰翁景定壬戌廷試入丙
第，爲濂溪書院山長，宋亡不復出。梅溪當南宋初，安得已引其說。
此爲不出梅溪手之明證。《四庫提要》僅據《梅谿前、後集》不載此

〔註8〕　如〈子部・兵家類〉趙士楨《續神器書》下案語，考朶思麻其人其事。
〔註9〕　如〈子部・儒家類〉劉安節《伊川先生語錄》書下案語，補宋以來史志不載
　　　　其目之闕。
〔註10〕　如〈集部・別集類〉《周博士文集》書下案語，據《永樂大典》之《應代名臣
　　　　奏議》二百十三、《東嘉先哲錄》二、《愼江文集》四、陳遇春《甌栝文錄》
　　　　一、《東甌詩集》一、《書錄解題》等書，知浮沚散佚之作甚多。

注〈自敍〉爲疑，尚未得其要領也。至邵長蘅《正訛》，謂賈人俗本，版寫淆訛，則又不然。注中所引百家舊注，溫州人凡二十二家，其餘姓名亦大半見于《梅谿集》者，則其作書時，固立意假託梅谿，況又冠以〈自敍〉，名字彰灼，非由版刻偶誤，亦可知矣。至此書元刊本二十五卷，分七十二類。余於都中書肆嘗一見之，其本較明刊三十二卷本迥勝。然其書既出依託，分類尤無義例，故不復列其異同。注中疏舛甚多，邵氏《正訛》已舉大畧，其書已附刊施注蘇詩之首，今亦不復詳論云。

案：今商務印書館《四部叢刊初編》集部，有南海潘氏藏宋務堂刊本《集注分類東坡先生詩》二十五卷。宋王十朋撰，每卷首行題「增刊校正王狀元集註分類東坡先生詩」，次行低四字題「宋禮部尚書端明殿學士兼侍讀學士贈太師諡文忠公蘇軾」，首列僊谿傅藻編《東坡紀年錄》，自〈紀行〉至〈雜賦〉分七十八類。集註姓氏後有建安虞平齋務本書堂刊，篆文木記。每葉廿二行，行十九字，夾注廿五字。仲容但見元刊本，宋本向所未覩，故附於孫氏後案之末，補其所考傳本之未備也。

（2）辨原書為假託之作

子部 藝術類

姜氏立綱《東溪書法》　一卷　佚

案：今所見《書法》一卷，題曰永嘉姜立綱著，蓋即《千頃堂書目》所載《東溪書法》也。余所見墨本，末有「文苑堂勒石」五字，不知何時所刻，書首列永字圖、八法八病六書圖，大抵臨池常語，無所考證。後爲字式百二十四條，則又別立名目，各書八字爲式，若官、宮等字，則謂之乾覆，且、里諸字，則謂之坤載之類。每條又各附小注，則多論用筆之法。其中標目既不雅馴，注語又復舛陋，遂至月傍則月肉不分，趨衣則衣示無辨，解鮮分爲兩形，閒間昧其一體，使果出東溪之手，不宜謬陋至此。殆明時書肆無識之徒，以其名重而假託之歟！觀其字式內「崇正」一條注云：「崇正，姜公法也。姜公字畫不苟，如正人端士立朝，嚴整流動，學者心契而宗之」云云，則此書不出東溪，其明證矣。原本後有文衡山〈跋〉，詞旨俚淺，爲《甫田集》所不載，殆與本書同出一手僞託。以其流傳既久，

姑爲錄入，而附辨之於此。

案：仲容辨《東溪書法》之爲假託，舉三證以駁之：一內容謬陋，非出姜
　　氏名家之手。二注文有「姜公」詞樣，證書不出於東溪。三、書末跋
　　詞俚淺，殆爲依託之明證。舉例確鑿，足令僞品書蠹，在法家慧識之
　　下，難以遁形矣。

（3）辨原書之爲僞

集部　詩文評類

陳氏秀民《東坡文談錄》　末一卷　存

案：《東坡文談錄》，明代書目未著錄，曹倦圃《學海類編》始刻之。
　　卷首題「元四明陳秀民撰」，秀民實永嘉人，後居嘉興，此云四
　　明，蓋曹氏誤題。《四庫提要》亦未考正，疏也。其書凡六十條，
　　并移錄舊文，全無考證，時代先後，亦漫無義例。與《東坡詩
　　話》，蓋一手僞作也。

（4）辨原書之有真有僞

集部　總集類

《閣巷陳氏清潁一源集》　八卷　存

案：陳氏《清潁一源集》，初編于元延祐間，爲陳岡所錄，而裴雲山
　　爲之刪定者。首爲陳杏所供、簡軒兼善、直軒養浩、瑞洲則翁、麟
　　洲任翁、物吾昌時、春塘文尹、老吾得時、懶吾可時、存吾與時、
　　民吾識時、曉池昇、石池岡、鑑池觀寶、濱池禮端，共四世十五家
　　之詩。續編于明隆慶間，則吳論爲之刪定者，首爲陳耕雲畝、糙齋
　　寵、敍南大、澹庵謀、訥齋瓛、古崖璇、柏亭挹、方塘鎰、南川衍
　　慶、草塘瑤、撫松演卿、樸齋天復、北澗天寵、筠川挺，共六世十
　　四家之詩。據其每人下所注事跡，大半皆有詩文專集，足見一門之
　　盛。惟書中述陳瑞洲爲宋遺民事跡甚偉，又與林霽山、鄭初心諸人
　　游從，唱酬之作屢見于集。然考之霽山《白石樵唱》，僅有〈半雲庵〉
　　一詩，章祖程注云：「瑞安陳瑞洲家庵名」，此外別無投贈之作。又
　　載瑞洲曾登宏詞科，檢王應麟《詞學指南》，亦無其名。殆出譜牒家
　　依附名流，虛張門閥。然官秩事實，雖不免誣僞，而二十八家之詩，
　　則元明以來編刊相踵，遠有端緒，必非僞造。且明人《東甌詩集》

正續兩編于此集所錄詩，均未采入，而集中附注明代遺聞，尤足以資考證。疑以傳疑，爰詳爲辨證，使後之覽者知所甄擇焉。

（5）辨原書之非後人偽作

史部 編年類

王氏致遠**《開禧德安守城錄》** 一卷 存

案：其書世無傳本，宋以來儲藏家亦無著錄者，惟瑞安王氏《譜》尚載其全帙。同治丁卯，家大人從王叔劭孝廉旬宣借錄之。其卷首曹彥約〈序〉，以《永樂大典》本《昌谷集》所載，校之悉合。又記中所紀攻守之具，若鵝車、洞子、對樓諸物，與陳規《守城機要》、趙萬年《襄陽守城錄》所載亦同。又記教授陳之經告急行在事，亦與《水心集》二十五〈陳益之墓誌〉可以互證，信非後人所能偽作也。

（九）旁徵博考，兼評他書之誤

仲容於《溫志》案語中，固在揚先賢之幽光，補地志之闕佚，而在其博詞雅辯時，多涉他書之正誤。足見先生治學之廣，考徵之精，認事之眞，堅貞之識，斯不僅令學之者知所津逮，其胸襟膽識尤爲後世法也。以下列舉數例，藉闚一斑。

（1）駁朱氏《經義考》箸錄之誤

經部 禮類

王氏十朋**《周禮詳說》** 佚

案：宋人多稱梅溪爲王狀元，故丘氏輒題爲王十朋耳。《經義考》一百二十五，別列王氏失名《周禮詳說》，引王與之說爲證，殊誤。

（2）訂莫氏友芝所箋《唐本說文木部殘卷》之偽

經部 小學類

戴氏侗**《六書故》** 三十三卷 存

案：（《六書故》）所引唐本《說文》，今之治小學者習知之。此外尚有蜀本、監本及李陽冰《廣說文》，晁說之參訂許氏文字諸說，並足資斠勘。

近獨山莫氏友芝，得唐本《說文・木部》之半，箋校刊行。以此書〈木部〉所引唐本二條核之，并不合。此書木部「柠」字注。唐本唐

記反。莫本止有竹革，一紐，械字注。唐本《說文》或說內盛爲器，外盛爲械。莫本作一曰有盛爲械，無盛爲器。友人歔汪茂才宗沂語余曰：此乃其鄉一通小學者所僞作。其人彼尚識之。莫號能鑒別古書，乃爲所欺，可哂也。近人得莫本，多信爲眞，慮世之爲讐校之學者，將據以羼改許書，故附識之。莫本每葉十八行，每行下下匀寫二文，行款與二徐大異。唐本字書，今不可見，然石刻五經文字、九經字樣，並不匀排字數。足證唐、宋字書行款不甚相遠。又莫本卷尾附米友仁〈鑒定跋〉，稱篆法《說文》六紙。案：唐本在宋時，猶今之明寫本，固非絕無僅有之物，況許書唐本全帙，彼時尚有流傳，何得殘賸六紙，遽登祕府，又命詞臣鑒定。其爲僞蹟顯然，莫氏自不察耳。

（3）發高似孫之覆而揭其《子略》為剽竊

子部　兵家類

薛氏季宣**《校定風后握奇經》**　一卷　存

案：艮齋所校《握奇經》，今無單行本，惟《浪語集》第三十卷，尚載其全帙。明人《漢魏叢書》所刊者，係從高似孫《子畧》第一卷抄出，每句下所注異同，與艮齋校語一一符合。攷似孫，宋慶元間人，嘗獻詩佞韓侂胄，爲陳振孫所譏，其人在艮齋後，蓋即竊艮齋本爲己校，而諱其所自。故《子畧》此經序，竟不及艮齋本也。其間偶有異同，如高本經文後有「八陣總述」四字爲一行，又有「晉平虜將軍西平太守封奉高侯加授東羌校尉馬隆總述」二十三字爲一行，艮齋本止題「馬隆總述」四字。又高本〈奇兵贊〉在「飛龍、翔鳥、蛇蟠、虎翼四陣」後，艮齋本移於四陣前。艮齋自注云：「舊在〈正陣〉下，移此以便乎讀。」此又高據別本改艮齋本以掩其剽竊之迹也。艮齋校語精詳，高本亦多所刪削。然今所傳《握奇》，大抵皆高本，目錄家不復知其爲艮齋舊校，故畧辨之以發高氏之覆，且使世之欲見《握奇》善本者，知於《浪語集》求之耳。

（4）駁議《四庫提要》之失考

經部　禮類

鄭氏伯謙**《太平經國之書》**　十一卷　存

案：鄭節卿《太平經國之書》，卷端繫銜稱「修職郎衢州府學教授」。

考洪咨夔《平齋集》十八，有「大理寺丞鄭伯謙差知常德府提舉常德澧辰沅靖兵馬制」。又謝旻《江西通志》六十四，宋知臨江軍亦有鄭伯謙。是節卿固皦歷州郡，非以教授終也。《經國書》貫穿全經，綜論大意，雖考證簡略，而平議閎通，殆亦習聞薛、陳諸老緒論者。至其文章精偉浩瀚，尤與水心相近，信乎其為永嘉之學也。至〈宰相〉、〈奉養〉二篇，立論偏駁，不無可議。《四庫提要》疑其當史、賈擅權，曲學阿世，則殊不然。此書〈自敘〉雖不著年月，而節卿舉進士在紹熙庚戌，下距紹定辛卯已四十年，距賈似道擅權為年尤遠，節卿既非終于教授，則此書之作必在其前矣。

（5）正全謝山《補宋元學案》中所載之非是

集部 別集類

許氏景衡《橫塘集》 三十卷 闕

案：全謝山《補宋元學案》三十二載：「橫塘論學四言詩一篇，凡四十八言。」檢《集》中所載詩六卷，並無此作，而卷十八〈溫州瑞安遷縣學碑〉末繫歌詩，此數語乃在其中。蓋謝山屬稿時，從《大典》節錄此數語，而忘著其目，後補題偶誤憶耳。今附正之，俾覽者無誤據為集本佚文也。

（6）斥《萬姓統譜》記載之不足為據

集部 別集類

趙氏汝迕《趙叔午詩集》 佚

案：《萬姓統譜》載其以「夜雨梧桐王子府，春風楊柳相公橋」之句摘官。《通志》、府、縣志并同其說。考《瀛奎律髓》二十，劉潛夫〈落梅〉詩注云：「潛夫有《南岳五稿》，當寶慶初史彌遠廢立之際，錢塘書肆陳起宗之能詩，刊《江湖集》，《南岳五稿》與焉。宗之賦詩有云：『秋雨梧桐皇子府，春風楊柳相公橋。』哀濟邸而誚彌遠，本改劉屏山句也。敖臞庵器之為太學生時，以詩痛趙忠定丞相之死，韓侂胄下史逮捕，亡命。韓敗，乃始登第，致仕而老矣。或嫁秋雨、春風之句為器之所作，言者并潛夫〈梅花詩〉論列，劈《江湖集》板，二人皆坐罪。」又《鶴林玉露》十，寶紹間《中興江湖集》出，劉潛夫詩云：「不是朱三能跋扈，只緣鄭五欠經綸。」敖器之詩云：

「梧桐秋雨何王府，楊柳春風彼相橋。」當國者見而惡之，並行貶斥。周密《齊東野語》十六：「寶慶間李知孝爲言官，與曹極景建有隙，每欲尋釁以報之，適極有春詩云：『九十日春晴景少，百千年事亂時多。』刊之《江湖集》中，因復改劉子翬《汴京紀事》第一聯爲極詩云：『秋雨梧桐皇子宅，春風楊柳相公橋』，以爲指巴陵及史丞相。及劉潛夫〈黃巢戰場〉詩，皆指爲謗訕，押歸聽讀。同時被累者如敖陶孫、周文璞、趙師秀及刊詩陳起，皆不得免焉。」寶慶詩禍，羅方目睹其事，雖諸書所載互異，然並不云趙叔午作。周草窗所載同時被累諸人亦無叔午，《統譜》所載未足據也。

綜上六例，其訂正駁辨，發覆摘奸，皆能深導各家之卻，而力關其說，至於博詞宏辯，更令人折服也。如訂莫本《說文木部殘卷》之爲僞，列四證以指斥之：一、由戴氏侗《六書故》引唐本《說文》與莫本對校多不合。二、據江茂才口述，莫本乃其鄉一通小學者所僞造。三、由莫本每葉行款字數與石刻五經文字、九經字樣不符。四、觀莫本朱友仁〈跋尾〉之破綻可證其爲僞蹟。至此則《唐本說文木部殘卷》，誠有可疑者矣。案劉毓松〈唐寫本說文解字木部箋異跋〉、張文虎〈唐寫本說文木部殘袟附識〉，以及方宗誠〈跋〉，均以爲中唐人書。再如發高氏似孫之覆，將其《子略》所收之《風后握奇經》，與薛氏季宣所校定者，一一相勘驗，歷指每句所注，與艮齋校語完全符合。而似孫乃宋慶元間人，生在艮齋後，則《子略》之剽竊成書之跡，至堪確定。似此，則仲容《溫志》案語，有裨於學術者實深且鉅矣。

五、結　論

仲容先生《溫州經籍志》中，其承襲前氏之例固多，〔註11〕但創例亦夥，〔註12〕尤其書中《案語》皆能各就研討所得，發爲精論。〔註13〕並每於曲暢文致中，有引人入勝之筆。謂其對校勘、目錄學之卓識，盡括於此，亦不爲過。然則仲容先生目錄學之精蘊，僅限乎此歟？實又不然。書中關係學術思想者比比皆是，如於史部論治方志之三要件，見張氏孚敬《溫州府志》案語，孫氏

〔註11〕見本章第二節「溫州經籍志中孫氏承襲前人之例」。
〔註12〕見本章第三節「孫氏著溫州經籍志之創例」。
〔註13〕見本章第四節「孫氏溫州經籍志書末案語發微」。

曰:「蓋吾鄉地志之簡陋,自此始矣。其於《志》中義例及纂修緣起,悉未論及,顧沾沾焉以議禮自矜,尤爲非體。蓋文忠之學,長於論辨而疏於考證。志乘雖卑,要亦具體正史,非擅三長不副茲選,未可任意刊削,自矜簡要也。」於經部考宋時古《易》六派,並兼評其優劣,見薛氏季宣《古文周易》案語,孫氏曰:「宋時言《古易》者凡六家,篇次大畧相同。其異者:王洙《古易》本,上下經惟載爻辭,卦辭別爲一篇。晁說之《古周易》本,其書止八卷,不分卦爻,而〈彖〉、〈象〉、〈繫辭〉亦不分上下篇。最謬者吳仁傑《古周易》本,以爻辭爲〈繫辭〉,以〈繫辭〉爲〈說卦〉,名爲考古,實則呈臆亂經。最善者呂大防《周易古經》本,不分卦爻爲二,不併上下〈象〉爲一,在諸本中獨爲復古。呂祖謙《古易》,雖云從晁本重定,然實與呂本暗合。朱子作《本義》即用其本,非無見也。又有程迥《古易章句》本,篇次分合,一同呂本,惟〈文言〉次〈小象〉後,則與王、晁本同。」說宋代《詩經》之學,以爲自止齋《毛詩解詁》散佚,則古訓茫昧不明,見陳氏傅良《毛詩解詁》案語,孫氏曰:「宋代說《詩》,宗《序傳》者,自呂祖謙《呂氏家塾讀詩記》、范處義《詩補傳》外,僅得止齋此書。乃范、呂兩書,今皆尚有傳本,而《解詁》竟歸散佚,古訓不明,不重可惜哉。」譏夏炘未見止齋原書,而妄爲詆訶,強調治學須破除漢、宋門戶之見,見陳氏傅良《毛詩解詁》案語,孫氏曰:「近人當塗夏炘《讀詩箚記》,乃深致詆排,以爲止齋傲然自大,且曰:『毛公「彤管」之傳,未見成文,其所說「彤管」,亦不過御夕進退之法,非關大典;「千七百年」,不知何所指也。又謂朱子以「彤管」爲「淫奔之具」,不惟《集傳》無此四字,且「淫奔之具」果係何具?鄙俚之談,實所未解。又鄭釋「城闕」,以爲國人廢業,但好登高,毛公所謂「乘城而見闕」是也。朱傳輕儇放恣,亦是往來之貌,何嘗以城闕即爲學校之地乎。「偷期之所」,《集傳》亦無此語。』(以上皆夏氏《讀詩札記》語)且錄《朱子年譜》,節引止齋《書》,以爲位置之高,不可一世之概,具見言表。今考止齋與朱子原書,詞氣和平,絕無敖睨之語。夏氏未見《止齋集》,止據節引之語,字句訛奪,不一而足,不復詳考,遽用深譏,不亦謬乎。至《毛傳》彤管之說,在今雖無可考,然毛公先秦大儒,其述古制,必非無徵。況《毛詩》西漢之末始行,而武帝時董仲舒答牛亨問,已有彤管之說。劉向本習《魯詩》,而《五經要義》說彤管與故訓傳合,可證毛說自有所本。且左氏定九年《傳》亦云:『靜女之三章,取彤管焉。』雖未明言彤管爲女史之禮,然其非淫藝之物,固無可疑也。夏氏一意尊朱,于毛氏說一則云「未見成文」,再則曰「非關大典」。夫秦漢遺書,百不存一,若皆以「未見成文」,遽興疑難,則漢晉經說不可信者多矣。妃匹者,生民之始,萬福之原。女史記過,尤爲宮闈良法,更不得云「非關大典」也。女史之名,雖始《周官》,然元公立制,因革參半,彤管之掌,或襲夏商,「千七百」者,三代歷年之數耳。夏氏云「不知何指」,毋乃佯爲不解乎?至青衿之城闕,雖非即學校,而闕懸象魏,治教攸關,亦學校中之字。故〈小序〉以爲刺學校也。《集

傳》於〈靜女〉、〈子衿〉皆云「淫奔之詩」，「彤管」則云「不知何物」，蓋相贈以結殷勤之意耳。則所謂以「彤管爲淫奔之具，城闕爲偷期之所」者，未爲誣矣。大抵夏氏之學，喜以尊崇朱子，博正學之名，其所著《讀朱質疑》，於永嘉之學頗致不滿，說經亦墨守考亭，蓋黨同伐異之論，不足深辨也。」似此，則一部《溫州經籍志》，即一部溫州學術史矣。吾故曰：「目錄者，學術之史也」，見本章第一節《緒言》中語。觀仲容此志，足實吾言。民國四年臨海屈映光先生序《溫州經籍志》，以爲《溫志》鈐鍵藝林，津逮後學，瀏覽一過，實綜三長。彼云：「夫其博識多聞，便便腹笥，拾囊中之碎錦，撥劫後之殘灰，自天府儲藏，洎私家著錄，視聽所及，甄採靡遺。兩本俱存，蔡中郎豈其炫博，九家畢集，荀慈明不以爲嫌。雪纂霜鈔，類分部列，《關東風俗》之傳，無此宏深，《嘉泰會稽》之志，遜其淸雅，則搜集之富，有足稱也。郡邑僑寓，遷徙靡常，父子之間，隸籍互異。若使橘枳莫辨，將爲博雅所譏。先生則規矩因心，鑪錘在手；自內出者，錄父而刪子，自外入者，登子而缺父。至若編目聿分四部，訂文從人次之訛。宦遊坿入〈外編〉，嚴斷地爲書之例。存逸不憑肊論，卷帙悉照舊刊，體例之當，無可議也。廷椿復古，割五職以補《冬官》，劉迅續詩，採群言以張〈風〉、〈雅〉。文人好事，往往僞作新編，嫁名往哲，歷年既久，鑒別至難。先生則運以精心，抒其卓識，闢汲冢古文之譌，正蒙齋《筆談》之非，傳信千秋，折衷一是。外之如制藝、小說之作，文本別裁；監修進奉之書，事非專屬，概從刪削，不列簡編，則去取之嚴，至足法也。」〔註14〕以仲容之書，實屈氏之〈序〉，則藝林鈐鍵之嘆，殆非虛譽也。

〔註14〕見《溫州經籍志》，卷首坿屈氏映光序。

第十章 結 論
——總論孫詒讓在學術上之成就

先生之著述，方面極多，余以爲最精要者有七事：一爲經學，二爲子學，三爲甲體學，四爲金石學，五爲文字學，六爲斠讐學，七爲目錄學，以下就此七事，分別說明其成就，以見先生疏經校文，考史訂篇，理不空談，必有誼據，皆實學也。

先生抱道自重，絕意仕途，惟有甲午開釁以後，每與人論時局，輒憂悶塡膺，情不能已，以爲外敵環視，國威不振之由，在人材之衰萎，又種因於學藝之不講，遂與瑞安同人興學儲材，以待國用。光緒二十三年（西元 1897年），《顧亭林詩校後記》成，先生附二絕句以寄意曰：「豈願區區王佐學，蒼鵝哀怨幾人知，流離幸早一年死，不見天驕平鄭時。」「萬里文明空烈火，人間猶有采薇篇，臨風掩卷忽長難，亡國於今三百年。」其自題《變法條議後詩八章》，中有「郎獄紛紛士氣傷，秋荼禁網到文章。蘭陵祭酒敶門久，猶有新書法後王。」「太平經國細推詳，王道由來足富強，重見始兀議鹽鐵，昔年呈散幾賢良。」言含隱痛，憤切多諷，令人興故國之思！

先生於經學，其專著有《尙書駢枝》，《周禮三家佚注》，《周禮正義》，《九旗古義述》，《周禮政要》，《經迻》，《大戴記斠補》等。其中《大戴記斠補》未有完書，《經迻》散入《述林》，疑不單行；他編皆刊布傳世，除《駢枝》詁訓《尙書》雅辭之外，別篇皆與禮徑有關，故余謂孫氏之經學即禮學也見本論文第三章孫詒讓之經學第一節概說。孫先生於《周禮》最能綜貫群書，推十合一，故精義極多，茲揀其創解特殊者畧分九類，即：

（一）考《周禮》命名之由來

（二）辨《周禮》之真偽及其時代

（三）探《周禮》傳授之統緒

（四）說《考工》補冬官之故

（五）考闕佚篇目之內容

（六）釋《周禮》所述之古制

（七）述《周禮》所載之名物

（八）別經記字例之異

（九）發明《周禮》全經之例

　　九類之中，尤以發明《周禮》全經之例，將經中措辭，經中行文，經中記時，以及《周禮》官屬，與禮經之通例，皆能體要鉤玄，檃栝鰓理，芟彼繁蕪，存此菁華，如沿波討源，得以洞見古義古制之醇也。故曹元弼書《孫氏周禮正義後》云：「孫氏《周禮正義》，博采故書雜記，疏通證明；雖於高密碩意，間有差池，而囊括網羅，言富理博，自賈氏以來，未有能及之者」。梁任公《中國近三百年學術史》亦云：「仲容斯疏，當為清代新疏之冠，雖後起者勝，事理當然，亦其學識本有過人處」。斯語諒矣。

　　先生於子學，採摭羣言之精，折衷一己之是，整紛理亂，獨有會心之得。《墨子閒詁》十九卷，即先生積二十七年之精氣，鍥而不舍，以成此百世不朽之盛業，其始由發掘墨書之八大問題，進而運用正確之研究方法，以達成其對墨學之卓越貢獻。如於墨子身世之考索，墨學傳授之斠理，墨書真偽之辨別，墨書篇目之審訂，墨家思想之闡述，墨書本文之詮釋，以及訂補《經說》上下之旁行句讀，諟正兵法各篇之譌文錯簡，皆能櫛字梳句，董理歸納而條別之，識膽兩皆絕倫。俞曲園《墨子閒詁序》云：「孫詒讓仲容乃集諸說之大成，著《墨子閒詁》，凡諸家之說，是者從之，非者正之，闕署者補之，至《經說》及《備城門》以下諸篇，尤下易讀，整分別蠹，胝摘無遺，旁行之文，盡還舊觀，訛奪之處，盛秩無紊，蓋自有《墨子》以來，未有此書也。」其推崇如此，梁任公《中國近三百年學術史》云：「仲容於《修身》、《親士》、《當梁》、諸篇能辨其偽，則眼光遠出諸家之上，其《附錄》及《後語》，考訂流別，精密閎括，尤為向來講子書者所未有，蓋自此書出，然後《墨子》人人可讀，現代墨學復活，全由此書導之，古今注《墨子》者，固莫能過此書；而仲容一生著述，亦此書為第一也。」可謂知言。

　　先生之於甲骨學也，著《契文舉例》二卷，光緒三十年（西元 1904 年）十一月，仲容因劉鶚《鐵雲藏龜》而成此書，彼時對甲體作有系統之研究，復著書名世者，先生實第一人。先生以治古文大篆之識見，進推商契之初軌，究兩月之力，成風雨名山之業，厥功亦偉矣。綜計所得：一曰文字之考釋，二曰識字之途徑，文字考釋方面，得契刻與全文合者百零三字，契刻與《說文》小篆合者三十八字，契刻與《說文》古籀合者十五字，契刻與全文篆籀均不合，而說解堪稱允洽者十字，契刻至簡，望形知義，故有釋無說者十六字，累而計之，其釋而可信或近似之字得百八十又七。至於識字之途徑，有可說者四端；即斠諸金石，推勘《說文》，諦審偏旁，通校諸吏。四者互相為用，缺一不可，其中尤以諦審偏旁之法，或以形似，或緣聲近，先生行之，最得箇中神韵，故吾師高仲華先生《中國汯獻學研究・甲骨篇》曰：「以偏旁認識甲文，乃孫氏之創見，以偏旁之法認字，始於《說文》；惟《說文》僅以篆文為主，屬於靜態，孫氏以古全文演進之動態去分析文字，顯較鄦書為進步。」時賢屈翼鵬先生《序甲骨文字集釋》云：「孫詒讓者《契文舉例》，所釋而可信以及近似之字凡百八十餘……厥後治斯學者漸眾，識字亦漸夥，孫、羅二家所釋今已證知其誤者頗多，然啓之辟之，以導先路，其功實不可沒也。」

　　先生之於金石學，用力最劬，成就亦最大。綜其所著有《古籀拾遺》、《古籀餘論》、《宋政和禮器文字孜》、《毛公鼎釋文》、《克鼎釋文》，以及《述林》卷七、八、十中所附之金石跋尾四十篇，校理古今文字，足以觀其會通，如解字之精審，匡舊釋之誤，證他家之說，補傳拓之闕，皆在常人之不經意處，疏通別白，判析毫釐，每定一字，每下一義，無不渙然冰釋，怡然理順，是乃先生之一大成就也。至於考校金石之方，究先生之所經用者：（一）考之以偏旁，（二）害之以上形，（三）求之以聲韻，（四）定之以私臆，（五）校之以文義，（六）讀之以文例，（七）求之以比例，（八）按之以字例，（九）以篆文審之，（十）合众器斠之，（十一）以他銘證之，（十二）以隸古寫之，（十三）以六書之義求之，（十四）引甲骨文證之，（十五）不知蓋闕之，小大兼備，鉅細靡遺，確為後世治斯學者之津逮也，先生於考訂文字時，尤致意於古金銘識之通例。董而理之，計其細目二十又八，判其統屬，均分六類：即（一）書寫之通例，（二）造語之通例，（三）增有之通例，（四）讀校之通例，（五）勒銘記時之通例，（六）其他雜例，將古金銘識之表裏精粗，全體大用，

宣究殆遍，罋無賸義，寶應劉恭冕跋《商周金識拾遺》〔註1〕云：「此書瑞安孫君仲容之所作也，君於學無所不窺，尤多識古文奇字，故其所著能析其形聲，明其通假，近世鴻通之儒爲此學者，自儀徵阮氏，武進莊氏外，未有能及君者，可不謂盛與」！實至而名歸，劉氏之讚，信非阿私也。

先生於文字學有《名原》二卷。《名原》者文字學中之字形學、歷史學、與解剖學之書也。列爲文字學固不倫，畀予古文字學亦不類，蓋先生欲摭全文、龜甲文、《石鼓》文、貴州紅巖石刻，與《說文》古籀，互相勘校，楬其歧異，以著省變之原，而會最比屬，以尋古文大小篆沿革之大例也。觀文字學之著述：或解字形如《說文解字》，或考字音如《廣韵》，或釋名義如《爾雅》。至於上溯三代之甲骨彝器，下求秦、漢之殘簡碑碣，展延擴大更究其精，剖析分析尤窮其深者，作之甚稀。先生此書可謂橫絕一代，創前所未有之先例也。茲綜其內容，共兩卷七篇，卷上三篇，卷下四篇。前者爲原始之考校，後者初三篇明文字形體之變化，末一篇補許氏《說文》之譌挩。推原溯流，匡謬補闕，啓小學研究之緒。劉師培序《名原》云：「《名原》二卷，父執瑞安孫先生仲容詒讓作也。先生少耽《倉雅》，博綜名言，上紬初文，亦其變化，以爲許書小篆，實準秦文。罋見遠源，惟資古籀……別爲茲錄，所以審蹏迒之迹，著省變之原……使數文相準，形義可說，定其可知，以俟百世，上規《虞書》觀象之經，下禪周史論名之治，是以廣業所深資，博文所不廢……」斯書之要，此可見矣。

先生於斠讐學，推其專著，首爲《禮迻》十二卷，《周書斠補》、《大載記斠補》，附庸而已，原夫有清二百六十八年，爲斠學擅勝之時代。舉凡羣經、諸子、史篇、文集，古籍之所傳布及今者，皆磨琢組織，重加甄審，務期向覺雜難讀之書，自此渙然冰釋；若干僞作與竄亂者，皆揀剔別擇，不復虛靡精力，使久墜之絕學，得此而復其本眞。先生之斠讐方法，雖以底本之互勘爲初階，而尤主不墨守一家，必須廣徵輔本，參驗注疏、類書，以及與本書之關係書，然後更應明其文法大例，通音韵訓詁，校上下文，依句子韵腳，並取證於方言或習慣語。其治書之道極靡密易簡；故能鉤深窮高，超邁前修，使書預受我之益也。綜其成就：有斠文字，定衍挩，糾錯亂，通句讀，補闕遺，匡違繆，考事實，明凡例。皆能援據古籍，以補茵訛奪，根抵羣經，以論釋古言。筆鈙墨灸，批卻導竅，足爲學者研古之輨轄也。俞曲園不云乎：「夫

〔註1〕　先生《右籀拾遺》原名商周《全識拾遺》。

欲使我受書之益，必先使書受我之益；仲容學過於余，而年不及余，好學深思，以曰思誤書爲一適，吾知經疾史恙之待治於仲容者，正無窮也」〔註2〕於此可見先生撢思精勘，有醇無疵矣。

先生於目錄學，有《溫州經籍志》，《溫志》爲地方著述目錄，原夫兩浙人文之盛，冠于東南，溫州負山而濱海，有華蓋、洞天之勝，丹霞赤水之奇，止齋、水心、導其緒，茂恭、宗豫踵其徽，靡不家握隨珠，人懷卞玉，惟有李唐以來，纂述雖屬斐然，而圖經僅具書名，不詳涯畧，疏漏踳謬，研討靡資。先生克承家學，關心鄉里，旁搜遠紹，爰考先達著作，成《溫志》三十六卷，爲地方目錄學中之重要文獻，書中有承襲前人之例，有孫氏一己之創例，至於每一書已，所附之案語，先生合作者之生平事畧，板本之考校，篇目之甄錄，思想之特色，所從之學派，原著者之佚文，以及辨僞別眞等於一爐而冶之，並各就研討所得，發爲精論，每於曲暢文致中，伏引人入勝之筆。謂其對校勘目錄學之眞知灼見，盡擷於此，亦不爲過也。儀徵劉壽曾云：「瑞安孫仲容同年，博聞強識，通知古今，承吾師琴西先生過庭之訓，于其鄉邦文獻，尤所研究……其所附著之詞，于學派升降，文人風尚異同之微，尤詳哉其言之，可謂一郡文獻之幟志矣……吾師嘗編《永嘉學案》，以見派別之正……以仲容之賢而好學……則它曰大展儒效，廣永嘉之學于天下，以達于風俗政教者，其必有在也，目錄之學云乎哉！」

先生於學無不窺，平生著述，亦云富矣；獨對詩、詞或酬應文字，不輕費筆墨。在其《跋窳横詩質》中，雖謙言「閒有所作，神思蹇鬱，不能申其恉。」要先生並非不長於此也。觀《籀廎遺文》所附詩、詞十六首：蒼涼沈古者有之，溫柔婉約者亦有之，蓋於經子能卓然成家者，於文亦必自鑄偉格。

先生銜恤餘生，扼擥時局，行文措意，輒感舊學淪廢，繼起無人，念天地之悠悠，獨展卷而隕涕。惜夫先生著述如《永嘉郡記集本》一卷，《廣韵姓氏刊誤》一卷，《艮齋浪語集禮記》若干卷、《六厤甄微》五卷，《大篆沿革考》一卷，《百晉精廬碑錄》一卷，《溫州建置沿革》表一卷，《學約》若干篇等，均未見傳本行世，中原鼎沸，海天遙隔，經微手澤，夫知有愛而深藏之者乎！值本論文殺青既竟，剞劂可待之時，總論先生在學術上之成就，益覺其學汪濊博貫，仰高鑽堅，曰曰不利者矣！則余蠡測之談，自衡無當；而瓣香之志，永矢弗諼而已。

〔註2〕《札迻》俞氏序。

附錄　孫詒讓先生著述經眼錄

敍

　　孫氏之學博大精深，_{更生}雖據文析義，別分十章，成《籀廎學記》一書；然欲綜理名言，牢籠鉅細，自屬不易，尤以先生淹貫經子，精究古籀，於學於識，不特見解卓絕，而考訂特加精審，故能享譽於生前，榮名於身後，爲討古之士所忻慕焉。惟諸家譜牒載先生著述，或詳或畧，猶不免遺漏，擬讀先生之著述者，不能無憾也。第以近百年來，經荒歷亂，先生之墨跡手澤多有散佚，居今而欲讀其所著，尤倍艱於往昔，此又不能無憾也。爲此特參校各家，徵諸目論，成「孫詒讓先生著述經眼錄」，俾後之好籀廎之學者，[註1]得此錄而詳繹之，不徒可減茫然無緒之憾；如循是索求，更如反掌折枝而倍收參稽之功，不亦善乎！錄內粗分五目：即

　　（一）先生著述經手刊布並有傳本可案者；

　　（二）先生著述經後人蒐輯代爲刊行者；

　　（三）先生所著之未刊或已刊而未見刻本者；

　　（四）他人著述經先生校補校勘者；

　　（五）疑非先生自著爲時人誤署者。

　　總計所著凡三十六種，[註2]遍及經、史、子、集，皆卓然學術之巨製，至於單篇散章，文涉應酬，已附於《述林》、《遺文》之中者，茲概從畧，[註

〔註1〕民國十五年李笠、陳繩夫、楊子林等曾發起「籀廎學會」，並散發學會宣言。

〔註2〕如《白虎通校補》不計，止三十五種而已。

〔註3〕本人重修之「孫詒讓年譜」，其中編年紀事，於孫文凡有年月之可考者，悉加

3〕先生好古深思，有過人之節，〔註4〕凡所考校，雖零縑片簡，具宜寶愛，惜乎！海天遙隔，玉海秘笈，〔註5〕經微手澤〔註6〕不悉有愛而深藏者乎？今余寄身海嶠之上，幸述前修之誥，而書闕有間，仰瞻道範，得無撫卷增唶！此錄每一書已，輒附案語，或由私臆，或引他說，雖屬考訂，亦以揚先生學術之清芬也。

民國六十年辛亥，先生百二十四歲誕辰紀念作。〔註7〕

一、先生著述經手刊布並有傳本可案者

（一）《古籀拾遺》三卷

刊印經過：是書原名《商周金識拾遺》，同治壬申冬十月寶應劉恭冕曾為之跋，光緒十四年戊子（1888）先生復加增損，重定本書，並更名為《古籀拾遺》，校刊付梓；俞曲園有《古籀拾遺‧敘》。逾明年，即光緒十六年庚寅（1890）正月始刊成於溫州。

在臺傳本：臺灣藝文印書館於民國五十二年四月將所藏原刻影印行世。

案：今本《古籀拾遺》不錄俞〈序〉，而劉〈跋〉尚殿於書末。近人楊鍾羲有〈古籀拾遺提要〉，云：「《古籀拾遺》三卷。國朝孫詒讓撰。著錄金文原始，天水薛尚功《鐘鼎款識》蒐輯較廣，《四庫提要》以所釋者諸器之文字，改隸字書，乾、嘉經儒孳斠篆籀，取證金文，阮文達《積古齋鐘鼎彝器款識》，所錄既富，其考釋精確，率可資為義據。吳榮光《筠清館金石錄》，以金文五卷冠首，龔自珍為纂釋文，亦間合于證經說字之學。詒讓多識古文奇字，能析其形聲，明其通叚，取薛、阮、吳三家之書，用字及它刻互相斠覈，依高郵王氏〈漢隸拾遺例〉為發凡正讀，成書三卷。初名《商周金識拾遺》，後改今名。自謂意必之論，未盡刊除，且僅據傳本，點畫漫缺，或滋妄說。然足證舊時平釋之誤，符契經傳者為多。……於程易疇及阮文達諸說之踳駁，亦悉刊正，為經微室著書之一。」

採掇，可備參。

〔註4〕見本書第二章「孫詒讓之生平」。

〔註5〕孫仲容先生藏書之所曰「玉海樓」，先生好學愛書，故樓中藏書甚豐，時人以之與鄞縣范氏「天一閣」及南潯劉氏「嘉業樓」並舉。見孫延釗〈玉海樓藏書目錄跋〉。

〔註6〕先生讀書處，自題「經微室」。並有手訂《經微室書目》可案。

〔註7〕先生生於道光二十八年戊申（1848）八月十四日。

（二）《墨子閒詁》十九卷

刊印經過：先生於光緒三年丁丑（1877）撰《墨子閒詁》始稿，至光緒十九年癸巳（1893）冬十月乃底於成；光緒二十年甲午（1894）夏，屬吳門梓人毛翼庭，以聚珍版印成三百部，惟讀者多苦其奧衍，於是又重加修定，光緒三十年甲辰（1904）先生重訂完畢，亟欲付之剞劂，不幸因風痺辭世。宣統二年庚戌，其家人始為開雕刊行，民國十一年壬戌（1922）李笠因重理鉛槧，成《定本墨子閒詁校補》，隨孫書以行世。

在臺傳本：臺灣藝文印書館於民國五十二年四月將所藏《定本墨子閒詁》影印行世，即附有李氏之〈校補〉，為民國十一年重刻者。

案：近人蔣禮鴻著〈墨子閒詁述畧〉，云：「自孟子闢楊、墨，而墨子之書，世罕習者，魯勝、樂臺之注俄空焉。有清鎮洋畢秋帆尚書合盧紹弓、孫淵如之所考校，以為《墨子注》，途徑始啓，而猶未窮極要眇也。自茲厥後，則有若藤縣蘇氏、高郵王氏父子、臨海洪氏、德清俞氏戴氏之倫，咸為此學。諸家之中，二王得其審正，俞氏時有創見，而特不免好奇穿鑿，逮至瑞安孫詒讓出，始采諸家之長，抒獨得之見。以為《閒詁》一書，譌文隱義，宣究殆盡，信乎體大思精，日月不刊者矣。余竊覽其書，以為有數善焉。校詁之精，為學者所推服，……援引傳記，能明本義則止，芟彼浮辭，無取枝蔓，……辯諸篇之作述，不加武斷，因儒、墨之分齊，不為調停，……至于訂補〈經說〉上下篇旁行句讀，正兵法諸篇之譌文錯簡，自謂尤私心所竊喜。先生此書既有四善，……其義詁精覈既如彼，識解閎遠又如此，然則無一失矣乎。日乃若大體，則固無可閒矣，至於小小疏畧，自亦有之，……蓋《閒詁》之為書也，有於當時學者所說，不在專著，而采摭不及者，……有舊說違失而未加糾正者，……有舊說未盡而未為引申者，……有舊說誤而自說亦誤者，……有失其讀者，……有失校者，……有失釋者，……有寫誤者，……余嘗聞當世注《墨子》全書者二家，雖未之能讀，固知其無能為矣。余以溝瞀，幸得誦先生之書，輒畧舉其善與闕失如此，蓋以誌其景仰之私而自附於諍臣之末，且以商諸同志云爾。」（見《浙江學報》一卷一期）

（三）《札迻》十二卷

刊印經過：本書封裏先生自署「光緒廿年刊成　籀膏」八字，而德清俞樾〈敍〉，題光緒二十一年夏，先生自敍題光緒十有九年十一月，書末有光緒乙未八月重斠正修版，是知此書光緒二十年甲午（1894）初版，次年乙未（1895）

重訂再版也。

在臺傳本：臺灣藝文印書館於民國五十二年四月就原刻影印，即乙未八月重斠修訂本也。

案：《續修四庫全書提要》子部，〈札迻提要〉云：「清孫詒讓撰。此用高郵王氏之法，校訂故書雅記，自《易乾鑿度》至《文心雕龍》，凡七十七種，初則識于簡耑，繼則迻錄成帙。間仿《群書拾補》之例，校列異文，如《尹文子》、《論衡》是也。或考篇目，如《六韜》是也。或證舊注，如《鬼谷子》是也。其所校訂，多確鑿不刊，雖間有千慮一失之處，實無傷於全體。蓋詒讓撰《周禮正義》、《墨子閒詁》二書，參酌群籍，多所創獲，信者取之，疑者去之，故能精絕若是也。此外可記者，尚有數端。自高郵王氏以來，承其學派，亦有多家，然往往讀書不博，妄下雌黃，穿穴形聲，是非倒置，俞樾《平議》，有聲當時，以今觀之，瑕瑜互見，樾尚如此，況他人乎！詒讓書不貪多，以精為貫，此可記者一也。清儒以治經之法，旁及子史群集，盧文弨但列異人，王念孫力有未逮，洪頤煊語多未審，詒讓所考有《金樓子》、《南方草木狀》、《漢武帝內傳》、《文心雕龍》諸書，範圍既廣，所得亦宏，此可記者二也。前代校訂古籍，往往不言其底本，盧氏《拾補》雖明言之，而例訪《釋文》，閱者終嫌未便。詒讓於每書之下，先注其所據，次及諸本，竝詳列參考之書，一見即瞭，有條不紊，其所羅列，如《蔡中郎集舉正》、《素問校義》諸書，今已難見，學者按目以求，所助不鮮，此可記者三也，前人校書，自有準則，以為理在法中，不遑別白，而承其學者，迷於回往，至若《淮南雜志後序》、《古書疑義舉例》，分門別類，條理顯明，然析例者多，定誼者少。此書自序，復見《籀廎述林》，明舊籍用字之不同，考古今校書之原委，評諸家考訂之得失，其論義法，最中肯綮，謂以舊刊精校為據依，而究其微恉，通其大例，精覈博考，下參成見，其諟正文字譌舛，或求之於本書，或旁證之它籍，及援引之類書，而以聲類通轉為之錧鎋，故能發疑正讀，奄若合符。其言簡，其誼□，學者守此，可無失矣，此可記者四也。觀此四端，所關匪小，讀其書者，固不得以其零碎而少之。若但賞其校訂之精覈，猶未能盡全書之美也。」

（四）《周禮三家佚注》一卷

刊印經過：本書封裏刻有「《周禮正義》附錄之一　光緒甲午夏刊成」字樣，因知其印行於光緒二十四年甲午（1894）。

在臺傳本：本書坊間不易購得，中央研究院史語所傅斯年圖書館藏有原刻本可假閱。

案：近人胡玉縉撰有〈周禮三家佚注跋〉，云：「三家者，賈逵、馬融、干寶也，三家注得失詳見馬國翰各輯本下。是編仿汪遠孫《國語三君注輯存》之例，依經文爲次，而以賈曰馬曰干曰爲別。所輯較馬本多三十餘條，間有案語，大率考訂文字，而不論注之得失。……惟所輯尙有漏署，如大祝隋釁，賈《疏》引賈氏云：「釁釁宗廟，馬本失載，此亦遺之，他處恐或未盡，是在好學者搜討增補爾。」

（五）《周書斠補》四卷

刊印經過：此書準籀膏署檢，刊行於光緒二十六年庚子（1900）。

在臺傳本：臺灣藝文印書館於民國五十二年四月曾就原刻影印，並附於《籀膏述林》十卷之後。

案：近人江翰撰有〈周書斠補提要〉，云：「此編蓋爲盧文弨、朱右曾兩家拾遺補其闕。其自序謂凡王念孫、洪頤煊、莊述祖、何秋濤、俞樾之說，以學者所習見，皆不捃錄，然篇中亦時引王云、莊云、俞云，固非概置不采也。盧、朱兩校每有輕改之失，茲悉正之。其最有功於《周書》，莫如〈酆謀解〉一篇，〈酆謀解〉曰：『惟王三祀王在酆謀言告聞』，詒讓謂三祀《史畧》作二祀，正文『謀』字實當作『諜』，與下文諸『謀』字不同，宋本作『講』雖誤，然篇中諸『謀』字皆不作『講』，唯此字獨爲錯異，即其蹤迹之未泯也。注當作知敵情伺人間人曰諜。《說文》言部云：『諜，軍中文間也』，孔義正與許合。若如今書作『謀』，則義甚易解，不煩如是詁釋矣。以情事求之，蓋紂微聞周謀，乃陰使諜間之，而諜轉與紂情告周，故言『諜言告聞』，下文云『諜言多信』。《史畧》正作『諜』，言商諜來告之言多可信也。通篇『謀』字甚多，唯此二『謀』字當作『諜』，自傳寫『諜』譌作『講』，淺人不解，遂妄改爲『謀』，並下文及注諸『諜』字而亦改之，不知其文義之必不可通也。盧校知注之有誤，而以臆刪改其文，使畧可通，遂莫能得其謬互之迹，甚矣，校書之難也。即此一條可以覘全書之美善矣。」

（六）《周禮政要》二卷

刊印經過：本書爲光緒二十八年壬寅（1902）瑞安普通學堂刊行，而胡玉縉〈周禮政要跋〉，列有卷退齋本，或另有異刻耶？

在臺傳本：此書坊間不易覩，惟中央研究院史語所傅斯年圖書館藏有普

通學堂本，書前有籀廎居士壬寅四月敘，共分上下二卷。

案：近人胡玉縉〈周禮政要跋〉云：「光緒庚子、辛丑間，西安行在詔言新政，某侍郎以詒讓嘗治《周禮》，屬刺取其與西政合者甄緝之，以爲是書，將以進呈而未果，故其行文頗於經筵講義爲近。其體例則列經文及鄭注於前，意取立竿見影，其後發爲西政之作用，絕不一一牽合，無膠柱鼓瑟之弊。……是書刊行後，高視詒讓者謂不應作此書，此猶嚴元照《悔庵學文》書《四書典林》後，惜其書之出自江氏耳。不如著書各視其所宜，學問淵博之人奚妨爲淺近之書。江書爲初學而設，其中案語令人有實事求是之思；此書爲初變法而設，其所持論，令人有異世同符之感。彼高視二人者，殆未知二人者也。惟書名『周禮政要』，而於《周禮》本義不甚相關。」

（七）《周禮正義》八十六卷

刊印經過：先生於同治十一年壬申（1872）撰《周禮正義》始稿，矻矻孜孜，日不暇晷，至光緒二十五年己亥（1899）方臻完成，前後費時二十八載，可謂平生精力，盡萃茲編矣。光緒三十一年乙巳（1905）夏，始以細字鑄版，刊行海內。民國二十年辛未（1931）五月，湖北省楚學社由鄂梟梁節盦之集資，易始盦之領導，夏靈柄之支持，以及傅廷儀、彭邦楨、劉洪烈、王葆心、周貞亮、鄭一鶴諸君子之前後商校，經二十年斷斷續續，始完成再版印行之任務。

在臺傳本：本書在臺傳本，計中華書局《四部備要》，與商務印書館《國學基本叢書》均有刊印，惟藝文印書館所發行之《周禮正義》係採楚學社本影印，至於細字鑄版（即光緒三十一年初刊本）之原刻，在臺僅得一覯，即寄存於國立臺灣師範大學之東北大學藏書內，尚有此書原刻本，全帙二十冊，各篇尚有仲容手批墨校，蠅頭端楷，彌足珍貴，目睹手澤，如親芝宇也。

案：近人曹元弼有〈書孫氏周禮正義後〉一文，云：「孫氏《周禮正義》，博采故書雅記，疏通證明，雖於高密碩意，間有差池，而囊括網羅，言富理博，自賈氏以來，未有能及之者也。」周貞亮〈周禮正義跋〉云：「孫籀廎先生《周禮正義》八十六卷，爲清代羣經新疏最後成之一種，其蒐采閎富，考證精詳，論者謂集漢唐以來諸儒注是經之大成而躋其盛，洵絕業也。」新會梁任公《中國近三百年學術史》，曾對此書評論云：「仲容斯疏，當爲清代新疏之冠，雖後起者勝，事理當然，亦其學識本有過人處也。《周禮》本書價值問題，迄未解決，仲容極端尊信，是否適當，原甚有商榷之餘地，但此書最

少亦是西漢末之古籍，即令出於漢人理想之虛構，亦甚值得細心研究，仲容此疏，可謂於原書作一大結束矣。」

（八）《九旗古義述》一卷

刊印經過：據《九旗古義述·自序》，先生著述此書之動機，因古者建國必改正朔、易服色、殊徽號、異器械，以變民視，故《周禮·司常》，巾車陳路，其文制昭晰不可增省，而後儒說經失義，旗識古禮沈霾千古矣。先生乃依金氏《禮箋》以考九旗眞義，其自謂成書之時間，在光緒二十年庚子〔註8〕（1900）夏，畿輔告警，鑾輿西狩，索居無憀，憂憤怫鬱，輒藉溫經自遣，偶抽〈司常·大司馬〉經注尋繹之。序末署光緒辛丑孟陬，辛丑係光緒二十七年也，按本書封裏籀膏自題，知於光緒二十八年三月刊成。

在臺傳本：本書在臺傳本甚稀，惟中央研究院史語所傅斯年圖書館藏有原刻。

案：近人胡玉縉著〈九旗古義述跋〉，云：「經文明言九旗，而以爲止有五旗，此與戴震不知六書皆造字之本，謂指事、象形、形聲、會意爲體，轉注、假借爲用，同一違異之甚者也。……孫氏力詆鄭注，凡許愼、劉熙、孫炎諸說之同鄭者，一概屏斥，甚矣其爲金氏異說所惑也。……」

（九）《古籀餘論》三卷

刊印經過：先生手訂之經微室叢書目錄，此書爲二卷，刻者改爲三卷。據楊鍾羲撰之〈古籀餘論提要〉，知書刻成於光緒三十一年乙巳（1905）。

在臺傳本：臺灣藝文印書館於民國五十二年四月，就原籀經樓校本影印行世，書前錄先生後敘。

案：楊鍾羲〈古籀餘論提要〉云：「詒讓所撰《拾遺》，不以銓釋籀文爲主，第多記古器異文。吳氏明于形體，孫氏於訓詁假借，所得爲多。錢塘薛氏、儀徵阮氏、南海吳氏三家書，皆有所補正，嗣得海豐吳氏《攈古錄金文》，以其搜錄閎博，釋文精審，有足正其舊說之疏謬者，亦復校訂吳《錄》之失，間獲新義，并錄爲二卷，刻者改爲三卷。自謂所見無宜鼎、克鼎、毛公鼎、井人鍾、奎父鼎、趩尊、師趛鼎、宂卣、弋叔昳鼎，辨證難字，治此學逾三十年。如齊侯鑄鐘、狄鐘、師餧父敦、趙曹鼎、乙亥方鼎，皆吳子苾所未見，所睹拓墨累千種，然必謂倉頡遺文於此不隊，固未易言，乾、嘉大師以稽古

〔註8〕二十年爲二十六年之訛。

為職志者，亦初不僅此也。」

（十）《名原》二卷

刊印經過：此書據楊鍾羲撰之〈名原提要〉，知刻成於光緒三十一年乙巳（1905）。

在臺傳本：臺灣藝文印書館於民國五十二年四月，曾就原刻影印行世，書前附先生〈名原敍錄〉。

案：劉師培曾為此書作序，楊鍾羲亦有〈名原提要〉，云：「詒讓謂《說文》九千文，以秦篆為正，所錄古文，捃摭漆書經典及鼎彝款識為之，籀文則出於史篇，倉頡舊文，叵復識別，因摭金文、龜甲文、石鼓文、貴州紅巖石刻，與《說文》古籀互相勘校，揭其歧異，以著渻變之原，而會最比屬，以尋古文大小篆沿革之大例，綜考古文，知數名形最簡易，而義實通貫，倉頡字例，斯其肇端，為〈原始數名第一〉。古文字與畫繪同原，為〈古章原象第二〉。書契權輿本於圖象，以後定渻變之字，積合異同，為〈象形原始第三〉。許書古籀重文傳寫舛互，以金文龜甲文校覈，為〈古籀撰異第四〉。制字之初，凡形名之字未有專字者，依其聲義沽注於旁，為〈轉注楬櫫第五〉。古文傳寫遣異間出，推校形義可說者多，為〈奇字發微第六〉。就古形聲合於經詁定例者，以補許書，為〈說文補闕第七〉。自來小學證經釋字，率奉《說文》為職志，詒讓鉤深窮高，冥契倉籀，以商、周文字展轉變易之迹，上推書契之初軌，補正許書之譌闕，其志則大，其事極難。以龜甲文為商時契刻，以紅巖古刻為古苗民遺迹，篆形奇詭，合之古文字例，援據甚希。惟自序謂書契初興必至簡，迨其後品物眾而情偽滋，簡將不周於用，則增益分析而漸繁，其最後文極而敝，苟趣急就，則彌務渻多，故復減損而反諸簡，更迭嬗易，本於自然。或厭同嗜異，或襲非成是，積久成用，皆為科律，故歷年益遠，譌變益眾，其論至確也。」因此書刊成於先生暮年，老病催人，校訂維艱，故文中墨字甚多，極不易卒讀。

（十一）《溫州古甓記》一卷

刊印經過：此書先生敍於光緒六年庚辰（1880）十二月，自署「瑞安孫詒讓書於百晉精廬」，故又名《百晉精廬碑錄》，不注刊印時間，依《續修四庫全書提要・史部》，此書又名《溫州古磚記》，瑞安孫氏排印本，亦不名刻成年月。

在臺傳本：書在坊間不易覯，中央研究院史語所傅斯年圖書館尚藏有原

刻，首頁載仲容自敘。

　　案：《續修四庫全書提要‧史部》，〈溫州古磚記提要〉云：「是書輯錄溫州所屬西晉以來古磚凡百種，上起太康二年陳卓人磚，下迄陳天嘉二年殘磚，惟晉以後物，取足紀年月姓名，無他記述，然其字畫奇古，篆隸咸備，異文詭體多與漢、魏、六朝碑版相合。間有古里聚官秩氏族之名，尤足以備邑乘採輯之資。詒讓博通傳記，雖此區區陶旐，亦多所考證。如泰和二年八月二十日〈大公中磚〉，文曰「建公夫」，詒讓引湖州陳氏所藏永嘉二年磚「立功夫」爲證，知「公夫」即「功夫」，又磚文有「大公中」，詒讓以〈孫根碑〉稱大中正爲大中，《襄陽記》稱大中正爲大公平，知此磚之大公中即大中正也。磚又稱泰和二年丁卯八月壬辰朔十日癸酉，而詒讓以泰始曆推之，應作庚寅朔，其十日爲己亥，且以磚文壬辰朔推之，十日亦直辛丑，因是知磚文紀日月有誤。凡此皆非淺學佞古者所能爲也。」

（十二）《毛公鼎釋文》不分卷

　　刊印經過：此先生初釋〈毛公鼎〉也，其後記曰：「右濰縣陳氏所藏周〈毛公鼎銘〉三十二行，四百九十七字，吉金款識，自〈齊侯鑄鐘〉外，如近人所得〈冟鼎〉、〈散氏盤〉，其文之繁，未有及此者。……同治壬申十月記。」不述付梓時日。

　　在臺傳本：臺灣藝文印書館於民國五十二年四月按原刻影印行世。

　　案：先生〈重定毛公鼎後記〉曰：「舊作釋文，錄坿《古籀拾遺》冊末刊之」，似此則《釋文》亦必刊於光緒十六年庚寅（1890）正月，與《古籀拾遺》同時也。

（十三）《重定毛公鼎釋文》不分卷

　　刊印經過：此先生後得吳子苾侍郎式棻《攟古錄金文》所釋鼎銘，與徐籀莊明經同柏釋文，有相互補苴處，故博稽精校，重定爲此篇，先生後記曰：「昔初見摹本頗據以糾正薛、阮、吳諸家所釋金文之誤，今重檢斠，則余舊釋觕漏固甚眾，而徐明經、吳侍郎所釋亦不能無誤。甚矣！識字之難也。光緒癸卯二月又記。」不詳付梓情形。

　　在臺傳本：臺灣藝文印書館於民國五十二年四月依原刻印行。

　　案：此《重定毛公鼎釋文》，附於《籀膏述林》卷七之首篇，《籀膏述林》之印行，劉師培爲之序，其云：「……其有單篇通論，體非一致，手輯斯錄，定著八卷。……」今《述林》爲十卷，係其弟季芝先生輯，亦不載輯印年月，

似此則前八卷爲先生手輯耶？

（十四）《宋政和禮器文字攷》一卷

刊印經過：本書原刻年月不詳，依《續修四庫全書提要》之說，書爲瑞安孫氏家刻本。

在臺傳本：臺灣藝文印書館於民國五十二年四月就原刻影印，書附《古籀拾遺》之後。前有先生自敘。爰初釋毛公鼎「附《古籀拾遺》冊末刊之」之例，則此書或亦同爲光緒十六年鑄版與？

案：《續修四庫全書提要》有〈宋政和禮器考提要〉，云：「詒讓既撰《古籀拾遺》，於宋薛尙功，清阮元、吳榮光三家所著錄之先秦古器多所訂正，又取王昶《金石萃編》中所著錄之〈牛鼎〉，阮氏《積古齋鐘鼎款識》中所著錄之〈甲午簋〉、〈天錫簋〉、〈嘉禮尊〉，吳氏《筠清館金文》中所著錄之〈欽崇豆〉，及孫氏自藏之〈鉥鼎〉拓片，撰爲《政和禮器考》一卷。案《政和禮器款識》二帙，……清汪師韓《韓門綴學考》，定爲宋徽宗禮祀明堂之器，已塙切不移。而程瑤田《通藝錄》復博徵經籍，證太室爲廟室，以駁汪《考》。孫星衍《京畿金石考》，又疑爲北魏時所造，自是阮元以〈甲午簋〉爲秦昭襄王時器，龔自珍亦以〈欽崇豆〉爲秦器。繆說流傳，致師韓所考定者爲之湮沒不彰，重可嘆也。詒讓歷引翟汝文《忠惠集·政和禮器銘》，及薛季宣《艮齋浪語集·欽崇豆記》爲證，於是南宋以來重牾不解之瞀說，得以摧殘而廓清之，亦藝林之一快事也。」

二、先生著述經他人蒐輯代爲刊行者

（十五）《溫州經籍志》三十六卷

刊印經過：先生此書於同治八年（1869）夏有〈徵訪溫州遺書約〉，爲撰稿之始。同治十年（1871）夏殺青，惟未付梓，期備增訂也。民國四年（1915）夏臨海屈映光先生巡視甬東，從先生之介弟貽澤，獲此遺稿，亟爲校次，傳付剞劂。民國十年（1921）由浙江公立圖書館刊行。

在臺傳本：民國五十八年廣文書局籌印《書目三編》，將先生《溫州經籍志》選入該編之第六十二種，書前有喬衍琯之〈重印「溫州經籍志」序〉、屈映光民國四年〈序〉與光緒三年春三月儀徵劉壽曾〈序〉，以及先生自作之《溫州經籍志·敘例》十二條。

案：儀徵劉壽曾著《溫州經籍志·序》云：「……兩浙人文之盛，甲于東

南。溫州負山而濱海，承學之士，秀偉同于浙西，而質有其文，信守師法，則爲浙以東諸郡之冠。明人姜氏準，曾著《東嘉書目》，自序謂取舊志之渾列者，析爲四部：『或傳其故敘，或錄其制行，或稽其撰輯顛末，品騭臧否』，以所言核之，似取法馬貴與《經籍考》，惜其書不傳，無由知其得失。求溫州一郡之藝文者，每以爲惜焉。瑞安孫仲容同年，博聞強識，通知古今，承吾師琴西先生過庭之訓，于其鄉邦文獻，尤所研究，以郡縣舊志之于經籍，疏漏舛駁，無裨考證，而姜氏之書又不傳也，乃討論排比，成書三十七卷（更生案：「七」爲「六」之誤），得書目一千三百餘家。其部居分合出入，一遵欽定《四庫書目》，編纂義例則多本馬氏；馬氏所未備者，則宗國朝朱氏《經義考》。僑寄人士之書，作僞之書，傳疑之書，則納于〈辨誤〉，宦游名賢之圖經譜錄，則別爲〈外編〉，限斷至嚴，考證至博。其附著之詞，于學派升降、文人風尙異同之微，尤詳哉其言之，可謂一郡文獻之幟志矣。壽曾則謂溫州學派莫盛於宋，慶歷間，儒志、經行開之，元豐九先生繼之；……元以後之學稍微矣，……吾師嘗編《永嘉學案》，以見派別之正。又曰：『欲救今漢學、宋學之弊者，其永嘉乎！』以仲容之賢而好學，……則它日大展儒效，廣永嘉之學于天下。……」

（十六）《尙書駢枝》一卷

　　刊印經過：先生手訂《經微室書目》，首列此書，文爲單行，惟仲容自敘不著付梓時間，更生近於史語所睹此書民初刊本，內容完具，信可寶也。

　　在臺傳本：此書中央研究院史語所傅斯年圖書館藏有鉛印本一冊。

　　案：近人江瀚撰有〈尙書駢枝跋〉，云：「是書純以雅辭達詁，詮釋經文，其中與昔儒殊異者得七十餘事。如謂〈堯典〉：『輯五瑞。既月乃日，覲四岳羣牧，班瑞於羣后。』此經文承上『正月上日受終于文祖』爲文，上日即朔日，則此『既月』疑當爲望後，猶云『既望』也。月之光以望日爲最圓滿，故既望亦云既月。蓋受終文祖以下並有事於內外祭祀，吉禮隆重，宜於望前畢舉之，望後乃行朝覲之禮。乃日者，無定日之詞，明四岳羣牧，人數既多，不能限以一日，故不拘定日，要在既望之後，不必至月末也。傳、疏并訓『既』爲『盡』，失之。」是說殊善。此讀經文，人多滑口讀過，一經揭出，乃知隻字不可忽畧也。又謂〈般庚〉：「『古我先王，將多于前功，適于山用降我凶，德嘉績于朕邦。』孔蓋以此『凶德』與〈多方篇〉『爾尙不忌于凶德』義同，但依孔說凶德與嘉績文正相儷，然必增立字於嘉績上，於辭義方可通，恐非

經文本恉。竊謂此當讀『用降我凶』句，『德』屬下『嘉績于朕邦』句。用降我凶，猶言降服我之凶災使不作，德當訓爲升，德嘉績于朕邦，言登升善功于我國。不必增字爲訓也。《說文・彳部》：『德，升也』，乃其本義。」此乃德字之本義，釋經甚精確。……凡斯之類，幾無不渙然冰釋，怡然理順。此雖簡短，當與劉臺拱《論語駢枝》竝傳也。

（十七）《大戴記斠補》三卷

刊印經過：先生有《大戴記斠補・敘》，自署光緒廿五年十二月。敘曰：「藏篋二十年未遑理董也。己亥冬，既寫定《周書斠補》，復取《大戴記斠本》別付寫官……」，但終先生謝世之前，未見刻本傳世。民國三年始以石印刊布，然傳者絕罕。民國三十二年癸未（1943）冬，古學院擬廣先生是書之傳，乃由侯官郭則澐取姜忠奎所斠訂之石印本，再重付梨棗。

在臺傳本：中央研究院史語所傅斯年圖書館藏有民國三年石印本，〔註9〕及古學院藏民國三十二年癸未刻本，爲《敬躋堂叢書》之五，首頁有周肇祥題耑。

案：姜忠奎有《大戴記斠補・跋》，云：「《大戴記斠補》三卷，瑞安孫仲容先生詒讓著也。先生淹貫百家，歸宗於禮。所著《周禮正義》，天下士莫不推服，斯編殆猶其餘緒耳。大戴之學其微已久，至清乾、嘉而後，漸復盛行，北周盧辯所注，僅有二十四篇，既非完書，又多譌脫，於是先生旁采孔、汪、阮、洪之注，與夫丁、劉、孫、嚴所校而斠其得失，補其所未及備，信爲治大戴者所不可少之書。如〈保傅篇〉釋四學、〈遷廟篇〉釋玄服、〈公冠篇〉釋三加四加之制，皆皎然精審，確乎不可以易。先生禮學名家，固非諸儒之所得詳也。」

（十八）《顧亭林詩校記》一卷

刊印經過：《顧集校文》別行自先生始。當時以一本寄章先生太炎。民國元年印入上海國粹學報社纂輯之《古學彙刊》第二集第三十一冊中，名「《亭林集外詩》一卷附《校文》」。又一本藏於家，民國二十三年再印入《甌風雜誌》，改稱「《顧亭林詩校記》」。據徐益藩〈孫先生亭林詩集校文後記小箋〉謂：《甌風》本誤奪滋多，《古學彙刊》據印之稿本或更有別寫本云。

在臺傳本：民國五十八年文海書局翻印《古學彙刊》，時下此本於坊間已

〔註 9〕此本未睹。

不易得。中央研究院史語所傅斯年圖書館藏有《甌風》本，首題「惜硯樓叢刊八種」字樣，又附木广居士陳謐之跋語，印刷較《古學》本精美。

案：陳謐注云：「右《顧亭林詩校文》及佚詩補若干首，都為一卷，鄉先達孫籀膏先生詒讓之所作也。此記作於清光緒戊戌、庚子之間，〔註10〕寄示黨人某君〔註11〕之書末，署「蘭陵荀羕記」五字，蓋避當時黨禁之禍。昔荀卿以漢宣帝諱，史稱或曰孫卿，故此以孫易荀，羕字又為詒讓二字之轉音，而別署蘭陵者，其即以荀卿嘗為蘭陵令歟！」今《亭林詩校記》末有先生自署之「蘭陵荀羕」、「荀羕又記」，或「越東逸民荀徵」等文字。

（十九）《籀膏述林》十卷

刊印經過：此本之刊布先後經兩次結集，前八卷為初定本，疑先生手定，後二卷乃其介弟季芄先生所續補，均不述刻行年月。〔註12〕

在臺傳本：臺灣藝文印書館於民國五十二年四月依原刻影本，並與《周書斠補》合訂成冊。

案：劉師培〈籀膏述林序〉云：「《籀膏述林》者，父執瑞安孫先生仲容詒讓著也。先生質亞生知，照鄰殆庶，密察足以有別，徇齊足以達怡，覃精言禮，展也大成。探賾墨書，通其詰詘，傳之當世，具有婣篇。其有單篇通論，體非一致，手輯斯錄，定著八卷，牋書記狀，時有遺署，介弟季芄先生更續讚緝上，足前刊都為十卷。……」此書纂輯文字至為駁襍，其中有考證經義者，如〈徹法考〉、〈邶鄘衛考〉、〈唐杜氏考〉等三十二篇；有考證史傳者，如〈公羊去樂卒事義〉、〈公羊昧雉義〉等七篇；有考證《說文》者，如〈釋翼〉、〈釋棐〉、〈釋疇〉等十篇；有考訂金石文字者：如〈毛公鼎釋文〉、〈克鼎釋文〉、〈邵鐘拓本跋〉等四十四篇；有題詞敘跋者：如〈艮齋浪語集敘〉、〈六曆甄微敘〉、〈沈丹曾東遊日記跋〉、〈書洪氏泉志後〉、〈商周金文拓本題詞〉等四十八篇；有考訂書籍篇目或歷史故實者：如〈續明鬼篇下〉、〈唐靜海軍考〉、〈記舊本穆天子傳目錄〉等九篇；有函札墓表者：如〈劉恭甫墓表〉、〈與友人論金文書〉等十二篇。

（二十）《籀膏遺文》二卷

刊印經過：依李笠〈籀膏遺文序〉，民國五年刊行之《籀膏述林》十卷，

〔註10〕即光緒二十四至二十六年之間。
〔註11〕某君即章太炎先生。
〔註12〕《籀膏遺文》李笠序，《籀膏述林》十卷本刊於民國五年。

因書非先生手定，〔註13〕體例頗舛駮，故成立「籀廎學會」，以整理孫氏遺書爲職志。乃與同里楊子林攎摭孫氏遺文之未入《述林》者，甄錄成帙，於民國十五年由瑞安潁川書舍斠刻行世。

在臺傳本：本書在臺極不易覯，中央研究院史語所傅斯年圖書館藏有原刻，書首以隸書題耑，附有李笠、陳準二氏之敘，文皆正楷木刻，版極醒目。

案：《遺文》目次卷上有壽序七篇、敘九篇、題跋九篇、碑銘三篇。卷下有書信十四篇、祭文二篇、雜著五篇、詩詞十七首。李笠序云：「此二卷雖不敢云孫氏文筆具盡於此，而耳目所及亦已備矣。且卷帙既減，校讎益精審，是亦此編勝於總集之點也。倘他日更取此編而與《述林》通融挭注，以關於學術之文悉入《述林》，其餘另爲一編，或竟廢《述林》之名，而併爲一集，則第三步之工作，亦不難因此編而踵見也。此吾籀廎學會之職責。」

（廿一）《四庫全書簡明目錄》不分卷

刊印經過：民國三十六年九月刊布於《浙江學報》。

在臺傳本：本書不單行，中央研究院史語所傅斯年圖書館有《浙江學報》原刊可案。

案：此文全長數萬言，經先生外孫洪煥椿氏校定，並刊布於《浙江學報》第一卷第一期，文末附有洪氏小記云：「瑞安孫氏玉海樓藏先外王父籀廎徵君手校鈔本《四庫全書簡明目錄》二十卷，十冊。首冊首葉鈐有『遜學齋考藏圖籍』朱文方印，第三葉目錄行下，有朱筆『仁和邵懿辰校注』七字，係先外王父所手加。卷一首葉，鈐有『仲頌』及『瑞安孫仲容斠讀四部羣書之印』，大小兩朱文方印。冊中各目之眉端，先王父詳加箋注，蠅頭細字，朱墨紛然。各卷尾間，綴短跋數則，爲二十四、五歲之筆；而眉上則又蕭敬孚、譚仲修、王子常、楊定夫諸家識記。第十冊末葉有『中容』二字方印，亦朱文也。案此書已有邵氏家刻本，署『四庫簡明目錄標注』，蓋據山陰胡氏所弆別帙，校勘其家藏稿，而『標注』二字，係付刊時所追加者。煥椿曩曾取邵刻與玉海樓本對讀，頗有足以互資補充之處，而刻本中所見某氏條注，實多先外王父校語。邵氏既嘗從玉海樓本傳錄，而未記係何人筆，刻時亦未取玉海樓覆勘，故遂不能不闕疑耳。今邵刻風行已久，而此校本世尚罕見，今爲輯錄，或可供留心斯學者之參考也。」洪氏文中所指《四庫簡明目錄標注》，今臺灣世界

〔註13〕劉師培〈籀廎述林序〉有「手輯斯錄，定著八卷」之語，較諸李笠之說，又未知孰是，此余不得不致疑也。

書局已印行，而此《四庫全書簡明目錄》，或即《四部別錄》歟！

（廿二）《瑞安縣志局總例》不分卷

刊印經過：此例輯印於《籀膏遺文》卷下〈雜著〉內，又名「瑞安縣志局總例六條」，此六條者即〈纂緝例〉、〈測繪例〉、〈校讐例〉、〈采訪例〉、〈檢查案牘例〉、〈繕寫例〉是也。此乃供瑞安議修縣志之用，其他列入斯編者，尚有〈採訪人物條例〉。

在臺傳本：見《籀膏遺文》。

（廿三）〈徵訪溫州遺書約〉不分卷

刊印經過：同治八年己巳（1869），先生侍親江左，爲發揚鄉邦文獻，於是仰承庭誥，博訪奇觚，作〈徵訪溫州遺書約〉，經人輯入《籀膏遺文》卷下〈雜著〉內，文不單行。

在臺傳本：見《籀頠遺文》。

（廿四）《契文舉例》二卷

刊印經過：此書據自敘，知先生以兩月之力完成者，初稿寄呈端午橋，武昌首義，端氏遇難四川，家藏散佚，而先生此稿亦不知所終。民國五年丙辰，海寧王國維得之滬肆，復寄交羅振玉，羅氏於民國六年依原稿影印行世。

在臺傳本：文華出版公司籌印《羅雪堂全集》，曾將此編收入《全集》初編第十五冊內，藝文印書館印《孫籀頠先生集》亦將之印入第一冊，附於《古籀餘論》之後。

三、先生所著之未刊或已刊而未見刻本者

（廿五）《永嘉郡記集本》一卷

《永嘉郡記》者，劉宋鄭緝之所撰也。甌海圖牒，斯其權輿。天水以後，傳帙既亡，地學之儒，甄錄尙衆，或稱《永嘉記》，或稱《永嘉地記》，譌奪百出，清姚安陶珽，嘗略采一二，屬著《說郛》，既未富于鉤稽，亦不詳其萌柢，爲此先生重爲茜輯，凡五十餘條，定著爲一卷。《籀膏述林》卷九尙載其〈永嘉郡記集本敘〉，自謂「藏篋十載，重爲理董，聊付殺青，貽之方來，庶幾神帆仙石，勾絕代之殊聞；蠣嶼魚倉，備職方之典錄云爾。」敘成於光緒四年戊寅（1878），刊行與否？不詳。在臺亦無由睹其原著。

（廿六）《廣韻姓氏刊誤》一卷

此書爲先生少年著述，朱芳圃《孫詒讓年譜》、章太炎《孫詒讓傳》、吳士鑑奏摺均錄有此作，而陳準《籀廎遺文敘》稱書有未刊。

（廿七）《艮齋浪語集札記》若干卷

朱芳圃《孫詒讓年譜》謂此書未刊。案孫延釗《永嘉叢書覽要表》五《浪語集》下，載有琴西公命仲容先生讐斠此書經過，以爲凡得札記五六千條，朱墨滿布於陳本〔註14〕冊耑。《浪語集》已於同治十一年十二月刊行，而仲容《札記》迄未見付梓。

（廿八）《六厤甄微》五卷

先生撰此書，旨在將黃帝、顓頊、夏、殷、周六家殷佚之厤術，博爲鉤稽，甄綜墜文，故成《厤經》一卷、《厤議》一卷、《厤譜》一卷、《厤徵》一卷、《術鈐》一卷，合此五卷而命曰「六厤甄微」。今《籀廎述林》卷四，錄有《六厤甄微敘》，原書有無刊布，或刻於何時，均難稽考，而在臺尤不易覓。

（廿九）《經迻》若干卷

先生手訂《經微室書目》曾著錄，章太炎《孫詒讓傳》亦引有此書，仲容於《札迻》中亦屢稱引之。

案：《札迻》卷二〈釋名釋車第二十四〉，先生校「衣車前戶」條下曰：「成說未覈，〔註15〕詳余所著《周禮正義》及《經迻》。」又卷四〈晏子春秋‧內篇雜上第五涽子午見晏子晏子恨不盡其意第二十六〉，先生校「假之以悲色」條下曰：「悲色，猶言匪色，即謂形色也。……說詳《經迻‧大戴禮記》。」卷八〈鹽鐵論取下第四十一〉，「案此用今文《論語》義也」條下曰：「石經《論語》說詳《經迻》。」綜此三則以觀，首條「釋車」之說，與《籀廎述林》卷三〈籀文車字說〉一文合。次條釋「悲色猶匪色」，亦見於《籀廎述林》卷三〈釋棐〉一文。又次條「石經論語說」，亦即《籀廎述林》卷八〈書南昌府學本漢石經殘字〉文。

由以上對斠證明，《經迻》雖未見刻本，實含於《籀廎述林》中，惟不單行而已。

（三十）《大篆沿革考》一卷

案先生手定《經微室書目》中有此編一卷，附於《名原》之後；張謇作先生墓表，亦曾引是作，惟未見刻本。朱芳圃《孫詒讓年譜》以爲即《名原》

〔註14〕陳本即陳用光藏《浪語集》手抄本。
〔註15〕成說指成蓉鏡《補證》。

初稿之一部分，但如衡之先生手訂之《經微室書目》，兩書並列之情形，似又未盡然，其詳不可得而知也。

（三一）《百晉精廬碑錄》一卷

本書或即《溫州古甓記》之異名，說詳《溫州古甓記》。朱芳圃《孫詒讓年譜》曾錄此作。

（三二）《溫州建置沿革表》一卷

案張謇作先生墓表徵引此書，朱芳圃《孫詒讓年譜》，疑《永嘉郡記集本》，與《唐靜海軍考》〔註16〕同為此書之一部分，刻本未見，不知然否。

（三三）〈學約〉若干篇

此篇見先生丙申覆梁啓超書中所引，原稿據自言已付之回祿，惟其大致在言景教之害，燎原莫遏。

案：《籀膏遺文》卷下〈復某書〉曰：「承詢詒讓所慊興儒之議，則以衡恤餘生，挖撃時局，竊謂景教流行，燎原莫遏，以耶穌基督之誣誕，《新約》、《舊約》之鄙淺，而鄉曲傎子，崇信譁然；非有悅服之誠，實藉富強之助，輸泉帛而潤以脂膏，集兵力以廣其保護；以牛馬維婁之計，為蛇豕薦食之圖。而中華儒者，猶復紳佩而談詩書，雍容而講禮讓；非徒淹中緗簡，無裨於魯削。竊恐議瓜驪市，重覯夫秦坑，慨幕燕之忘危，悕邱貉之同盡，興念及此，可為痛心。」

此書不著對方名氏，或有所忌也，於此亦可稍窺先生興學救國之端倪焉。

四、他人著述經先生校補校勘者

（三四）校補戴咸弼《東甌金石志》十二卷

戴氏《金石志》收碑刻自晉至元，凡三百八十餘種，釐為十二卷，刊刻於光緒八年壬申（1882），原版於光緒二十年燬於火，二十五年秋九月潘祖頤開府溫州，復就原刻增訂，付之石印。今中央研究院傅斯年圖書館藏本，即係復刊石印本。首頁有杜盦居士之題耑，附錄孫衣言、王棻、郭鍾岳、潘祖頤之敘，戴氏自撰凡例十五條，末書「瑞安孫詒讓仲容校補」字樣。

案：戴氏凡例第八條云：「是書題跋所據自《兩浙金石志》外，凡前賢舊作皆注明某書，餘則前人多未著錄；謬參鄙見，略加討論，瑞安孫仲容孝廉

〔註16〕見《籀膏述林》卷四。

錄示數十種，其古璧文字八十餘種，搜采不遺餘力，考覈尤極精詳，俱唐以前物，亟錄入第一卷，依《兩浙金石志》例也。」

（三五）校勘《永嘉叢書》十二種

宋許景衡撰《橫塘集》二十卷

案：先生校讀家藏同治九年傳寫陸心源藏本，與同治十一年十二月傳寫祥符周星詒藏本。琴西公於光緒二年覆勘，自八月二十七日起，至九月二十一日畢，即付剞劂，仲容著有〈刻橫塘集跋〉。

宋劉安節《劉左史集》四卷

案：仲容合文瀾閣本、陸存齋贈閣鈔副本，及祥符周星詒藏吳枚庵校本等互相參勘，更就永樂本《歷代名臣奏議》校得異文，刊補一千數百字，同治十二年七月刊成。

宋劉安上《劉給諫集》五卷

案：同治十二年先生以文瀾閣本、盧抱經藏舊鈔本，與陸存齋贈閣鈔本互讀，隨於閣本上有墨筆校語，採各本之長而去其短，同治十二年刊成。

宋林季仲《竹軒雜著》六卷

案：先生於光緒二年讀周季貺贈閣鈔本，並檢徐夢莘《三朝北盟會編》得其全帙，以補原書之闕畧，曾作〈刻竹軒雜著跋〉，曰：「家大人既以《橫塘集》付刊，以此書流傳尤少，亦并校刊之。」故於光緒二年十一月刊成。

宋薛季宣《浪語集》三十五卷

案：同治五年琴西公命先生借文瀾閣本及丁松生所藏鈔本，與陳用光、朱學勤二氏家藏鈔本參合精校，擇善而從，並旁刺他籍，訂其是非，凡得札記五、六千條，滿布陳本冊耑。先生著〈艮齋浪語集敘〉，述校勘始末頗詳。同治十一年十二月付梓。

宋陳傅良《止齋集》五十二卷

案：琴西公搜得此書異本數種，命先生覆勘，先生因記其校讐之例曰：「凡今刻本悉以正德本爲正，其正德誤，而以諸刻、他書刊定者，并注其元作某者是也。諸刻本與正德本異而義兩通者并注之。」光緒五年春刊成。

宋葉適《水心文集》二十九卷

案：琴西公校訂此書，用力最勤，宦轍所至，輒以自隨。仲容先生參與斯役，先校吳氏舊鈔本用朱筆，覆校用墨筆，隨手條注各本之異同是非，經其補正或改定者百數十處。光緒八年四月刻竣。

宋劉黻《蒙川遺稿》四卷《補遺》一卷

案：仲容先生得舊寫本於四明，以其為阮存畊所輯之舊，因取活字本詳為讎勘，用墨筆記其異同於各卷中。光緒元年，先生復加審校，乃為定本。光緒元年刊成。著有〈蒙川遺稿跋〉。

宋王致遠《開禧德安守城錄》一卷

案：仲容先生著〈開禧德安守城錄後序〉曰：「書中所紀事，雖斟之史文，不無枝溢，然旁稽羣稽，則左證憭如，足徵其為實錄，非後人所能偽作也。而書無傳本，宋以來儲藏家亦無著錄，亟宜刊行。」於同治十一年冬刊行問世。

清孫希旦《禮記集解》六十一卷

案：先生《溫州經籍志》卷四著錄此書，並曰：「敬軒先生當乾隆初，經學大師提倡未盛，先生獨闢涂徑，研精三禮，博考精思，于禮經制度，參互研覈，致多心得。……原藁本五十卷，仲父止庵先生校刊時析為六十一卷。」此書先生得免校勘之役者，因琴西公已正抄胥之失，葉田公已校寫析卷，二公正值盛年，仲容幼弱故也。咸豐十年雕版，同治七年始續成。

清孫希旦《尚書顧命解》一卷

案：此乃咸豐四年原稿本，經葉田公搜得，命仲容先生精校，同治七年與《禮記集解》同時刊成。

清方成珪《集韻考正》十卷

案：先生有〈集韻考正跋〉曰：「今輒就管見所及，署為補注。詒讓檢覈之餘，間有條記，又嘗得錢唐羅鏡泉校本，及長洲馬遠林景宋本校勘記，其所得有出先生此書之外者，行將續輯之，以竟先生之緒焉。」書刊行於光緒五年二月。

以上《永嘉叢書》，在臺藏本頗稀，分書單行者尤罕。〔註17〕中央研究院傅斯年圖書館藏有此叢書原刻。

五、疑非先生自著為時人誤署者

(三六)《白虎通校補》若干卷

本書原稿未見，朱芳圃《孫詒讓年譜》以為「其目僅見於瑞安廣明印刷所之書目中，姑繫於此」云。案今本《籀膏述林》卷四有〈白虎通義考上〉、

〔註17〕孫氏《禮記集解》與《集韻考正》二書坊間有單行本。

〈白虎通義考下〉兩文，〈考上〉徵《白虎通義》成書之經過，〈考下〉辨《白
虎通義》一書名義，文末有言：「今本《通義》十卷，元、明以後題《通義》
者不可復得，而世間刊本遂皆題《通德論》矣，後有校刊是書者，從四庫本
題《白虎通義》可也，或沿宋、元、明舊本，題《白虎通德論》亦可也。至
盧刊校讐精審，未嘗不爲善本，而改《白虎通義》爲《白虎通》，則盡失六朝
以來舊本面目，以云復古，不適以亡古邪！」觀先生斥盧校「亡古」之論，
則其就有校補，亦必不取「白虎通」爲名。今《白虎通校補》竟署名於先生，
此其可疑者一也。案《札迻》卷十，先生所校書，適爲「《白虎通德論》」，亦
不云所謂「校補」者，此其可疑者二也。又先生斠讐古籍，單獨成帙者，必
不再入《札迻》，避複重也；如《周書斠補》、《大戴記斠補》、《墨子閒詁》是
其證，今《札迻》卷十既有「《白虎通德論》」之校語若干條，則不應外此復
著「《白虎通校補》」，此其可疑者三也。據此可推《朱譜》探瑞安廣明印刷所
之書目，殆爲失考，其必非先生自著也明矣。

參考書目

（一）孫詒讓先生著作共二十二種

1. 《孫籀廎先生集》，藝文印書館出版。

　　此集共分十六冊

　　第一冊包括《古籀拾遺》三卷。

　　　　　　　《毛公鼎釋文》一卷。

　　　　　　　《宋政和禮器文字考》一卷。

　　　　　　　《古籀餘論》三卷。

　　　　　　　《契文舉例》二卷。

　　　　　　　《名原》二卷。

　　第二冊包括《籀廎述林》十卷。

　　　　　　　《周書斠補》四卷。

　　第三冊包括《札迻》十二卷。

　　第四冊包括《墨子閒詁》卷一至卷十。

　　第五冊包括《墨子閒詁》卷十一至卷十九。

　　第六冊以下爲《周禮正義》八十六卷。

2. 《溫州經籍志》三十六卷，廣文書局印行。

3. 《周禮政要》二卷，光緒壬寅普通學堂本。

4. 《周禮三家佚注》一卷，光緒甲午刊本。

5. 《溫州古甓記》一卷，瑞安孫氏排印本。

6. 《九旗古義述》一卷，光緒 28 年 3 月刊本。

7. 《尚書駢枝》一卷，民初鉛印本。

8. 《籀膏遺文》二卷，瑞安穎川書舍斠刻本。

9. 《大戴記斠補》三卷，古學院郭則澐刊本。

10. 《顧亭林詩校記》一卷，惜硯樓叢刊本。

11. 《四庫全書簡明目錄》不分卷，民國 36 年印本。

12. 《校補戴咸弼東甌金石志》十二卷，光緒 25 年重刊本。

（二）經　部

1. 《尚書注疏》，嘉慶江西南昌府學刻本，藝文印書館出版。

2. 《毛詩正義》，嘉慶江西南昌府學刻本，藝文印書館出版。

3. 《儀禮流疏》，嘉慶江西南昌府學刻本，藝文印書館出版。

4. 《禮記注疏》，嘉慶江西南昌府學刻本，藝文印書館出版。

5. 《左傳注疏》，嘉慶江西南昌府學刻本，藝文印書館出版。

6. 《公羊注疏》，嘉慶江西南昌府學刻本，藝文印書館出版。

7. 《穀梁注疏》，嘉慶江西南昌府學刻本，藝文印書館出版。

8. 《論語注疏》，嘉慶江西南昌府學刻本，藝文印書館出版。

9. 《孟子注疏》，嘉慶江西南昌府學刻本，藝文印書館出版。

10. 《爾雅注疏》，嘉慶江西南昌府學刻本，藝文印書館出版。

11. 《周禮漢讀考》，段玉裁，復興書局印《續經解》。

12. 《周禮注疏校勘記》，阮元，藝文印阮刻《十三經注疏》。

13. 《周禮古學考》，李滋然，力行書局印《經學粹編》本。

14. 《太平經國之書》，鄭伯謙，臺灣商務印書館印行。

15. 《周禮選注》，黃公渚，臺灣商務印書館印行。

16. 《考工記圖》，戴震，復興書局印《續經解》。

17. 《考工創物小記》，程瑤田，復興書局印《續經解》。

18. 《大戴記解詁》，王聘珍，世界書局出版。

19. 《唐石經考異》，馮登府，復興書局印《續經解》。

20. 《蜀石經考異》，馮登府，復興書局印《續經解》。

21. 《經典釋文》，陸德明，臺灣商務印《四部叢刊》本。

22. 《禮箋》，金榜，復興書局印《續經解》。

23. 《經學通論》，皮錫瑞，臺灣商務印書館印行。

24. 《析城鄭氏家塾重校三禮圖》，聶崇義，臺灣商務印書館《四部叢刊續編》。

25. 《古學考》，廖平，華聯出版社印行。

26. 《詩經釋義》，屈萬里，中華文化出版事業委員會印。
27. 《尚書釋義》，屈萬里，中華文化出版事業委員會印行。
28. 《禮學畧說》，黃侃，學藝出版社印行。
29. 《僞經考》，康有爲，臺灣商務印書館印行。
30. 《三禮鄭氏學發凡》，李雲光，嘉新文化基金會印行。

（三）史 部

1. 《國語》，臺灣商務印《四部叢刊》本。
2. 《逸周書》，臺灣商務印《四部叢刊》本。
3. 《史記》，武英殿版附考證，藝文印書館印行。
4. 《漢書》，武英殿版附考證，藝文印書館印行。
5. 《後漢書》，武英殿版附考證，藝文印書館印行。
6. 《前漢紀》，臺灣商務印《四部叢刊》本。
7. 《晉書》，武英殿版附考證，藝文印書館印行。
8. 《隋書》，武英殿版附考證，藝文印書館印行。
9. 《舊唐書》，武英殿版附考證，藝文印書館印行。
10. 《新唐書》，武英殿版附考證，藝文印書館印行。
11. 《戰國策校注》，臺灣商務印《四部叢刊》本。
12. 《水經注》，臺灣商務印《四部叢刊》本。
13. 《通典》，新興書局印行。
14. 《文獻通考》，新興書局印行。
15. 《三國志》，武英殿版附考證，藝文印書館印行。
16. 《北史》，武英殿版附考證，藝文印書館印行。
17. 《元史》，正英殿版附考證，藝文印書館印行。
18. 《華陽國志》，臺灣商務印《四部叢刊》本。
19. 《清鑑》，世界書局《史學叢書》本。
20. 《清史列傳》，中華書局印行。
21. 《清儒學案》，徐世昌，世界書局印行。
22. 《兩漢三國學案》，唐晏，世界書局印行。
23. 《鄭玄學案》（在《禮學新探》中），高仲華師，香港中文大學聯合書院印行。
24. 《周髀算經》，臺灣商務印《四部叢刊》本。
25. 《九章算術》，臺灣商務印《四部叢刊》本。

26. 《史通》，劉知幾，臺灣商務印《四部叢刊》本。

27. 《十七史商榷》，王鳴盛，世界書局印行。

28. 《太平天國始末記》，毛應章，臺灣商務印書館印行。

（四）子　部

1. 《荀子》，臺灣商務印《四部叢刊》本。

2. 《管子》，臺灣商務印《四部叢刊》本。

3. 《呂氏春秋》，臺灣商務印《四部叢刊》本。

4. 《晏子春秋》，臺灣商務印《四部叢刊》本。

5. 《新論》，臺灣商務印《四部叢刊》本。

6. 《白虎通德論》，臺灣商務印《四部叢刊》本。

7. 《列子集釋》，楊伯峻，明倫出版社印行。

8. 《顏氏家訓》，臺灣商務印《四部叢刊》本。

9. 《容齋隨筆》，洪邁，臺灣商務印《四部叢刊續編》本。

10. 《癸巳類稿》，俞正燮，藝文印《皇清經解續編》。

11. 《日知錄》，顧炎武，明倫出版社印行。

12. 《述學》，汪中，臺灣商務印《四部叢刊》本。

13. 《讀書雜志》，王念孫，廣文書局印行。

14. 《經義述聞》，王引之，廣文書局印行。

15. 《春在堂全書》，俞樾，中國文獻出版社印行。

16. 《東塾讀書記》，陳澧，臺灣商務印書館印行。

17. 《劉申叔先生遺書》，劉師培，京華書局印行。

18. 《中國近三百年學術史》，梁啓超，中華書局印行。

19. 《莊子》，臺灣商務印《四部叢刊》本。

20. 《孔叢子》，臺灣商務印《四部叢刊》本。

21. 《新語》，臺灣商務印《四部叢刊》本。

22. 《賈子新書》，中華書局印行。

23. 《鹽鐵論》，臺灣商務印書館印行。

24. 《新序》，臺灣商務印《四部叢刊》本。

25. 《說苑》，臺灣商務印《四部叢刊》本。

26. 《韓非子》，臺灣商務印《四部叢刊》本。

27. 《淮南子》，臺灣商務印《四部叢刊》本。

28. 《論衡》，臺灣商務印《四部叢刊》本。

29. 《抱朴子》，臺灣商務印《四部叢刊》本。

30. 《讀墨子叢錄》，臺灣商務印書館印行。

31. 《墨子平議》（在《諸子平議》內），俞樾，世界書局印行。

32. 《子墨子學說》，梁啓超，中華書局印行。

33. 《墨子學案》，梁啓超，中華書局印行。

34. 《墨經校釋》，梁啓超，中華書局印行。

35. 《原名》，章太炎，世界書局印行。

36. 《墨子閒詁箋》，張純一，世界書局印行。

37. 《中國古代哲學史》，胡適，臺灣商務印書館印行。

38. 《墨經通解》，張其鍠，獨志堂印本。

39. 《墨子集解》，張純一，文史哲出版社印行。

40. 《續墨子閒詁》，張載廣，藝文印書館印行。

41. 《墨子選注》，唐敬杲，臺灣商務印書館印行。

42. 《墨子考索》，羅根澤，泰順書局印行。

43. 《墨經哲學》，楊寬，正中書局印行。

44. 《墨子新證》，于省吾，藝文印書館印行。

45. 《偽書通考》，張心澂，臺灣商務印書館印行。

46. 《墨子》，陸世鴻，中華書局印行。

47. 《墨子經說新解》，張煊，北大《國故月刊》二三期。

48. 《墨學源流》，方授楚，中華書局印行。

49. 《諸子通考》，蔣伯潛，正中書局印行。

50. 《墨學概論》，高葆光，中華文化出版事業委員會印。

51. 《墨子斠證》，王叔岷，世界書局印行。

52. 《墨子假借字集證》，周富美，台大文學院排印本。

53. 《墨學研究》，陳拱，東海大學排印本。

54. 《儒墨平議》，陳拱，臺灣商務印書館印行。

55. 《先秦諸子學》，嵇哲，樂天出版社印行。

56. 《墨辯新注》，李漁叔師，臺灣商務印書館印行。

57. 《墨子簡編》，嚴靈峯，臺灣商務印書館印行。

58. 《墨子研究》，李紹崑，現代學苑月刊社出版。

59. 《墨子閒詁》，小柳司氣太校訂，驚聲文物供應公司出版。

60. 《諸子百家考墨子考》，兒島獻吉郎著，陳清泉譯，臺灣商務印書館印行。

61.《古書疑義舉例五種》， 俞樾等，泰順書局印行。

62.《國故論衡》（在《章氏叢書》內），章太炎，世界書局印行。

63.《清代學術概論》，梁啓超，中華書局印行。

64.《中國學術思想大綱》，林景伊師，世界書局印行。

65.《古書眞僞及其年代》，梁啓超，中華書局印行。

66.《觀堂集林》，在《王觀堂全集》中，王國維，文華出版公司印行。

67.《兩漢經學今古文平議》，錢穆，三民書局印行。

68.《國學概論》，錢穆，臺灣商務印書館印行。

69.《中國典籍史》，陳登原，樂天出版社印行。

70.《國父遺教選集》，孫中山，中興山莊編印。

71.《古籍導讀》，屈萬里，開明書店印行。

72.《檢論》，在《章氏叢書》內，章太炎，世界書局印行。

73.《輶軒語》，張之洞，臺灣商務印書館印行。

74.《羅雪堂先生全集》，羅振玉，文華出版公司印行。

75.《中國文獻學研究》（講義），高仲華師，師範大學國文研究所。

（五）集　部

1.《文心雕龍注》，范文瀾，開明書店出版。

2.《古文苑》，章樵，臺灣商務印《四部叢刊》本。

3.《續古文苑》，孫星衍，臺灣商務印《四部叢刊續編》本。

4.《蔡中郎集》，蔡邕，臺灣商務印《四部叢刊》本。

5.《戴東原集》，戴震，臺灣商務印《四部叢刊》本。

6.《潛研堂文集》，錢大昕，臺灣商務印《四部叢刊》本。

7.《昭明文選》，李善注，藝文印書館印行。

8.《箋註陶淵明集》，李公煥箋，臺灣商務印書館印行。

9.《昌黎先生文集》，朱文公校，臺灣商務印《四部叢刊》本。

10.《胡適文存》，遠東圖書公司印行。

（六）文字語言學類

1.《說文解字》，許慎，臺灣商務《四部叢刊》本。

2.《說文解字繫傳通釋》，徐鍇，臺灣商務印《四部叢刊》本。

3.《說文解字注》，段玉裁，藝文印書館印行。

4.《說文句讀》，王筠，臺灣商務印書館印行。

5.《說文統釋》（在《說文解字詁林》中），錢大昭，國民出版社印行。

6. 《說文拈字》（在《說文解字詁林》中），王玉樹，國民出版社印行。

7. 《說文辨字正俗》（在《說文解字詁林》中），李富孫，國民出版社印行。

8. 《六書通論》（在《說文解字詁林》中），胡薀玉，國民出版社印行。

9. 《六書淺說》（在《說文解字詁林》中），胡薀玉，國民出版社印行。

10. 《中國文字學史》，胡樸安，臺灣商務印書館印行。

11. 《小學發微補》，劉師培，國民出版社印行。

12. 《文字發音篇形義篇》，錢玄同，朱宗萊，學生書局印行。

13. 《字例略說》，呂思勉，臺灣商務印書館印行。

14. 《文字學纂要》，蔣伯潛，正中書局即行。

15. 《說文研究》（講義），林景伊師，師範大學國文研究所。

16. 《方言》，揚雄，臺灣商務印《四部叢刊》本。

17. 《釋名》，劉熙，臺灣商務印《四部叢刊》本。

18. 《說文通訓定聲》，朱駿聲，世界書局印行。

19. 《中國文字之原始及其構造》，蔣善國，海光出版社印行。

（七）甲骨金石學類

1. 《鐵雲藏龜》，劉鶚編，藝文印書館印行。

2. 《殷商貞卜文字考》，羅振玉，文華出版公司印行。

3. 《殷虛書契前編》，羅振玉輯，藝文印書館印行。

4. 《殷虛書契考釋》，羅振玉，文華出版公司印行。

5. 《殷虛書契後編》，羅振玉編，藝文印書館印行。

6. 《殷卜辭中所見先公先王考》，王國維，文海出版公司印行。

7. 《戩壽堂所藏殷虛文字考釋》，王國維，藝文印書館印行。

8. 《釋昱》，王國維，文華出版公司印行。

9. 《釋旬》，王國維，文華出版公司印行。

10. 《殷虛文字類編》，商承祚，國民出版社印行。

11. 《最近二十年中中國新發現之學問》，王國維，文海出版公司印行。

12. 《增訂殷虛書契考釋》，羅振玉，文海出版公司印行。

13. 《增訂殷虛書契考釋待問編》，羅振玉，文海出版公司印行。

14. 《甲骨文例》，胡光煒，香港龍門書店出版。

15. 《新獲卜辭寫本》，董作賓編，世界書局印行。

16. 《甲骨文研究的擴大》，董作賓，世界書局印行。

17. 《甲骨文斷代研究例》，董作賓，世界書局印行。

18. 《卜辭中所見之殷曆》，董作賓，世界書局印行。

19. 《卜辭通纂》，郭沫若。

20. 《甲骨學文學篇》，朱芳圃，臺灣商務印書館印行。

21. 《殷虛書契前編集釋》，葉玉森，藝文印書館印行。

22. 《甲骨文編》，孫海波，藝文印書館印行。

23. 《殷契粹編》，郭沫若。

24. 《天壤閣甲骨文存考釋》，唐蘭，藝文印書館印行。

25. 《甲骨文从比二字辨》，屈萬里，開明印《書傭論學集》。

26. 《殷虛文字甲編考釋》，屈萬里，中央研究院史語所印行。

27. 《甲骨文字集釋》，李孝定，中央研究院史語所印行。

28. 《甲骨學六十年》，董作賓，藝文印書館印行。

29. 《續甲骨年表》，董作賓、黃偉然，中央研究院史語所印行。

30. 《殷契新詮》，魯實先師，《幼獅學報》。

31. 《卜辭姓名通釋》，魯實先師，《東海學報》。

32. 《古文字學講義》，魯實先飾，師範大學國文研究所印行。

33. 《古文字學導論》，唐蘭，樂天出版社印行。

34. 《契文舉例校讀》，白玉錚，台大古文字學研究編印「中國文字」

35. 《六一集古錄跋尾》，歐陽修，臺灣商務印《四部叢刊》本。

36. 《金石錄》，趙明誠，臺灣商務印《四部叢刊續編》。

37. 《通志金石畧》，鄭樵，新興書局印行。

38. 《考古圖釋文》，趙九成，臺灣商務印《叢書集成》本。

39. 《續考古圖》，臺灣商務印《叢書集成》本。

40. 《宣和博古圖》，王黼，新興印亦政堂原刻本。

41. 《嘯堂集古錄》，王俅，臺灣商務印《四部叢刊續編》。

42. 《薛氏鐘鼎款識法帖》，薛尚功，鳳吟閣藏本。

43. 《鼎錄》，虞荔，臺灣商務印《叢書集成》本。

44. 《京畿金石考》，孫星衍，臺灣商務印《叢書集成》本。

45. 《積古齋鐘鼎彝器款識》，阮元，藝文印書館印行。

46. 《擟古錄金文》，吳式芬，自刻本。

47. 《匋齋吉金錄》，端方，上海有正書局影印本。

48. 《筠清館金文》，吳榮光，藝文印書館印行。

49. 《金石三例》，潘昂霄，臺灣商務《國學基本叢書》本。

50. 《金石學錄》，李遇孫，臺灣商務《國學基本叢書》本。

51. 《金石索》，馮雲鵬，臺灣商務《國學基本叢書》本。

52. 《語石》，葉昌熾，臺灣商務《叢書集成》本。

53. 《金石萃編》，王昶，國聯圖書出版公司印。

54. 《陳簠齋筆記附手札》，陳介祺，臺灣商務印《叢書集成》本。

55. 《簠齋傳古別錄》，陳介祺，臺灣商務印《叢書集成》本。

56. 《中國金石學概要》，馬衡，藝文印書館印行。

57. 《金石學》，朱劍心，臺灣商務印書館印行。

58. 《商周彝器通考》，容庚，香港文友堂書店印行。

59. 《兩周金文辭大系考釋》，郭沫若，香港龍門書店印行。

60. 《三代吉金文存》，羅振玉，香港龍門書店印行。

61. 《雪堂金石文字跋尾》，羅振玉，文華出版公司印行。

62. 《貞松堂集古遺文》，羅振玉，文華出版公司印行。

63. 《古鏡圖錄》，羅振玉，文華出版公司印行。

64. 《宋代金文著錄表》，王國維，文華出版公司印行。

65. 《國朝金文著錄表》，王國維，文華出版公司印行。

66. 《兩周金文韻讀》，王國維，文華出版公司印行。

67. 《古文聲系》，孫海波，古亭書屋印行。

68. 《隸辨》，顧藹吉，世界書局印行。

69. 《古籀彙編》，徐文鏡，臺灣商務印書館印行。

70. 《說文古籀補》，吳大澂，藝文印書館印行。

71. 《說文古籀補補》，丁佛言，藝文印書館印行。

72. 《說文古籀三補》，強運開，藝文印書館印行。

73. 《金文編》，容庚，聯貫出版社印行。

74. 《恒軒所見所藏吉金圖》，吳大澂，藝文印書館印行。

（八）斠讎目錄學類

1. 《通志·校讎畧》，鄭樵，新興書局印行。

2. 《校讎通義》，章學誠，廣文書局印行。

3. 《校讎學》，胡樸安、胡道靜，臺灣商務印書館印行。

4. 《中國雕板源流考》，孫毓修，臺灣商務《萬有文庫》本。

5. 《校勘方法論》，胡適，遠東印《胡適文存》。

6. 《校勘學釋例》，陳垣，學生書局印行。

7. 《清代學者的治學方法》，胡適，遠東印《胡適文存》。

8. 《古書讀校法》，陳鐘凡，臺灣商務印書館印行。

9. 《版本通義》，錢基博，臺灣商務印書館印行。

10. 《校讎目錄學》，蔣伯潛，正中書局印行。

11. 《校讎新義》，杜定友，中華書局印行。

12. 《圖書版本學要略》，屈萬里，昌彼得，中華文化出版事業委員會印行。

13. 《斠讎學》，王叔岷，中央研究院史語所印行。

14. 《校讎學史》，蔣元卿，臺灣商務印書館印行。

15. 《古籍校勘學要署》，崔垂言，中華文化出版事業委員會印行。

16. 《斠讎目錄學講義》，李曰剛師，南洋義安書院印行。

17. 《論書籍何以必須斠讎》，阮廷焯，《大陸雜誌》三十二卷十一期。

18. 《論斠讎之方法》，阮廷焯，《大陸雜誌》三十四卷五期。

19. 《漢書‧藝文志》，班固，臺灣商務印《叢書集成》本。

20. 《補後漢書藝文志》，侯康，臺灣商務印《叢書集成》本。

21. 《補三國藝文志》，侯康，臺灣商務印《叢書集成》本。

22. 《補晉書藝文志》，丁國鈞，臺灣商務印《叢書集成》本。

23. 《隋書‧經籍志》，長孫無忌，臺灣商務印《叢書集成》本。

24. 《唐書‧藝文志》，歐陽修，臺灣商務印《叢書集成》本。

25. 《宋史‧藝文志》，脫脫，臺灣商務印《叢書集成》本。

26. 《宋史藝文志補》，倪燦撰，盧文弨訂定，臺灣商務印《叢書集成》本。

27. 《子署》，高似孫，臺灣商務印《叢書集成》本。

28. 《補元史藝文志》，錢大昕，臺灣商務印《叢書集成》本。

29. 《崇文總目》，王堯臣編，錢東垣編釋，臺灣商務印書館印行。

30. 《郡齋讀書志》，晁公武，廣文書局印行。

31. 《遂初堂書目》，尤袤，廣文書局印行。

32. 《直齋書錄解題》，陳振孫，廣文書局印行。

33. 《文獻通考‧經籍考》，馬端臨，新興印《文獻通考》。

34. 《國史經籍志》，焦竑，臺灣商務印書館印行。

35. 《百川書志》，高儒，廣文書局印行。

36. 《紅雨樓書目》，徐渤，廣文書局印行。

37. 《澹生堂書目》，祁承㸁，廣文書局印行。

38. 《千頃堂書目》，黃虞稷，廣文書局印行。

39. 《絳雲樓書目》，錢謙益撰，陳景雲注，臺灣商務書館印行。

40. 《文瑞樓藏書目錄》，金星軺，臺灣商務印《叢書集成》本。

41. 《四庫全書總目提要》，臺灣商務印書館印行。

42. 《續修四庫全書總目提要》，臺灣商務印書館印行

43. 《經義考》，朱尊彝，中華書局印行。

44. 《愛日精廬藏書志》，張金吾，廣文書局印行。

45. 《小學考》，謝啟昆，廣文書局印行。

46. 《汲古閣珍藏秘本書目》，毛扆，臺灣商務印《叢書集成》本。。

47. 《述古堂藏書目》，錢曾，臺灣商務印《叢書集成》本。

48. 《菉竹堂書目》，葉盛，臺灣商務印《叢書集成》本。

49. 《孫氏祠堂書目》，孫星衍，臺灣商務印《叢書集成》本。

50. 《廉石居藏書記》，孫星衍撰，陳宗彝編，臺灣商務印《叢書集成》本。

51. 《增訂四庫簡明目錄標注》，邵懿辰撰，孫詒讓校，世界書局印行。

52. 《永嘉叢書覽要表》，孫延釗，《浙江學報》印行。

53. 《瑞安孫氏玉海樓藏溫州先哲遺書目錄》，孫延釗，《浙江學報》印行。

54. 《中國目錄學史》，姚名達，臺灣商務印書館印行。

55. 《中國目錄學年表》，姚名達，臺灣商務印書館印行。

56. 《目錄學發微》，余嘉錫，華聯出版社印行。

57. 《四庫提要辨證》，余嘉錫，藝文印書館印行。

58. 《中國目錄學史》，許世瑛師，中華文化出版事業委員會印行。

（九）譜牒傳記類

1. 〈孫詒讓傳〉，馬其昶。

2. 〈孫詒讓先生墓表〉，張謇。

3. 〈孫詒讓傳〉，章梫。

4. 〈孫詒讓傳〉，章太炎，世界印《章氏叢書》。

5. 〈瑞安孫先生傷辭〉，章太炎，世界印《章氏叢書》。

6. 〈孫詒讓傳〉，葉冠洛，《清代七百名人傳》。

7. 〈孫詒讓傳〉，錢南揚，《新修浙江通志·人物志》。

8. 〈籀廎學案〉，徐世昌，世界印《清儒學案》。

9. 《孫太僕年譜跋》，孫延釗，《浙江圖書館館刊》四卷。

10. 《孫詒讓年譜》，宋慈袌，《東方雜誌》二三卷十二號。

11. 《孫詒讓年譜》，朱芳圃，臺灣商務印《史學叢書》本。

12. 《梁任公先生年譜長編》，丁文江，世界書局排印。

13. 《羅雪堂先生年譜》，莫榮宗，《大陸雜誌》二四卷四期。

14. 《嗇翁自訂年譜》，張謇，文海出版社影印。

15. 《張文襄公年譜》，許同莘，臺灣商務印書館印行。

16. 《王國維年譜》，王德毅，中國學術著作獎助會。

17. 《左盦年表》（劉師培），錢玄同，京華印《劉申叔先生遺書》。

18. 《孫中山先生傳》，胡去非編，吳敬恒校，臺灣商務印書館印行。

（十）敘跋類

1. 〈經典釋文跋尾〉，馮斑。

2. 〈經典釋文校勘記〉，孫毓修。

3. 〈書孫氏周禮正義後〉，曹元弼，《浙江學報》民國三六年八月版。

4. 〈汪中墨子序墨子後序〉，汪中，在《述學內篇》卷三。

5. 〈書墨子〉，翁方綱，在《復初齋文集》內。

6. 〈墨子閒詁述略〉，蔣禮源，《浙江學報》民國三六年八月版。

7. 〈古籀拾遺敘〉，劉恭冕。

8. 〈商周彝器文錄敘〉，龔自珍。

9. 〈周秦金石文選緒言〉，黃公渚。

10. 〈漢碑文範序〉，吳闓生。

11. 〈說文正字敘〉，孫星衍。

12. 〈江氏六書說跋〉，俞瀚。

13. 〈說文解字附說〉，桂馥。

14. 〈說文繫傳校勘記〉，苗夔。

15. 〈說文解字群經正字〉邵瑛。

16. 〈答楊慎修論小學書〉，戴震。

17. 〈古籀篆文流變考〉，桂坫。

18. 〈史籀篇證序〉，王國維。

19. 〈桐鄉徐氏印譜序〉，王國維。

20. 〈毛公鼎考釋序〉，王國維。

21. 〈金文編序一〉，羅振玉。

22. 〈金文編序三〉，馬衡。

23. 〈金文編自序〉，容庚。

24. 〈文源自序〉，林義光。

25. 〈簠室殷契類纂序〉，王襄。
26. 〈鐵雲藏龜序〉，羅振玉。
27. 〈重印鐵雲藏龜跋〉，嚴一萍。
28. 〈甲骨文字集釋序〉，屈萬里。
29. 〈溫州經籍志序〉，屈映光。
30. 〈溫州經籍志序〉，劉壽曾。
31. 〈重印溫州經籍志序〉，喬衍琯。
32. 〈經義雜記序〉，段玉裁。
33. 〈札迻序〉，俞樾。
34. 〈孫先生亭林詩集校文後記小箋〉，徐益藩，《浙江學報》一卷一期。
35. 〈籀膏先生撰禮書三種跋〉，胡玉縉，《浙江學報》一卷一期。

（十一）類　書

1. 《群書治要》，魏徵，臺灣商務印《四部叢刊》本。
2. 《意林》，馬總，臺灣商務印《四部叢刊》本。
3. 《藝文類聚》，歐陽詢，新興書局印行。
4. 《北堂書鈔》，虞世南，文海出版社印行。
5. 《玉海》，王應麟，文海出版社印行。
6. 《太平御覽》，李昉等，臺灣商務印書館印行。

（十二）其他單編文章

1. 〈三種名物略例〉，吳承仕，《國學論衡》二期。
2. 〈孫詒讓之政治思想〉，張其昀，《浙江學報》一卷一期。
3. 〈周禮成書年代考〉，史景成，《大陸雜誌》三十卷一期。
4. 〈考工記之成書年代考〉，史景成，《書目季刊》五卷三期。
5. 〈說車器〉，石璋如，《包遵彭先生紀念論文集》。
6. 〈論墨子非姓墨〉，江瑔，在《讀子巵言》內。
7. 〈原墨篇〉，張爾田，《古史辨》第四冊。
8. 〈論先秦無所謂別墨〉，唐鉞，《古史辨》第四冊。
9. 〈墨經科學辨妄〉，楊寬，中華印《中華語文研究》。
10. 〈墨子小取篇新詁〉，胡適，《胡適文存》第一輯。
11. 〈墨子備城門以下二十篇係漢人僞書說〉，朱希祖，《古史辨》第四冊。
12. 〈墨子與晚周諸子〉，熊公哲師，《中華文化》一卷一期。
13. 〈墨子爲齊國人考〉，宋成堦，《大陸雜誌》十六卷二期。

14. 〈墨子爲齊國人續考〉，宋成堦，《大陸雜誌》十六卷二期。

15. 〈說宗彝〉，龔自珍。

16. 〈虢季子白盤考釋〉，高鴻縉師，《大陸雜誌》二卷二期。

17. 〈商周彝器銘文部位例略〉，石璋如，《大陸雜誌》八卷五期。

18. 〈記小屯出土之青銅器〉，李濟之，《中國考古學報》第三冊。

19. 〈冶鑄篇〉，宋應星，《天工開物》一書內。

20. 〈釋觕屯〉，屈萬里，《書傭論學集》。